जलन से जल तरंग

राम शर्मा 'कापरेन'

Anecdote

राजस्थान साहित्य अकादमी, उदयपुर
के आर्थिक सहयोग से प्रकाशित

Anecdote
Publishing House
For the love of quality reading!

ऐनक्डोट पब्लिशिंग हाउस
2nd फ्लोर, 2/15 अंसारी रोड,
दरियागंज दिल्ली–110002

पब्लिश्ड बाय ऐनक्डोट पब्लिशिंग हाउस

प्रथम संस्करण 2023

आई एस बी एन: 978-81-963155-5-9
मूल्य ₹ 250

आवरण सज्जा एवं टाइपसेटः सोमेश कुमार मिश्रा
मुद्रणः थॉमसन प्रेस

विषय-सूची

सामयिक विषयों के नाटकों का गुलदस्ता

साहित्य में नाटक लिखना सबसे कठिन काम माना जाता है क्योंकि कला का यह अकेला ऐसा माध्यम है जिसमें सभी कलाओं का समन्वय होता है। इसी कारण नाटक को' कलाओं का पुंज' कहा जाता है। जब पंचम वेद की रचना हुई तब नाटक में साहित्य, संगीत, नृत्य, मूर्तिकला, चित्रकला, स्थापत्यकला आदि को आचार्य भरत मुनि ने समाहित किया था। इसी कारण नाटक लिखना कठिन है। इस कठिन काम को इस नाट्य संग्रह में राम शर्मा 'कापरेन' ने सफलता पूर्वक किया है। इस दौर में वैसे भी मंचीय नाटकों की बहुत कमी है, उस कमी को यह संग्रह कम करेगा। नाटकों की कमी के कारण ही हिंदी व राजस्थानी रंगमंच अभी तक प्रतिस्थापित नहीं हो सका है। इसलिए राम शर्मा के इस प्रयास का स्वागत किया जाना चाहिए। संग्रह का पहला नाटक है 'कुकर फट सकता है'। दस पात्रों का यह नाटक सामयिक विषय पर केन्द्रित है। यथार्थ के धरातल पर लिखे इस नाटक में समस्या को बहुत ही रोचक तरीके से अभिव्यक्त किया गया है। युवाओं का कोटा में शिक्षा के लिए आना होता है और उसका दबाव भी उन पर रहता है। पिछले काफी समय से लगातार होने वाली आत्महत्याओं ने नाटककार को भीतर से विचलित कर दिया, तभी तल्ख संवादों के साथ उन्होंने इस समस्या को नाटक में उठाया है। यह समस्या कथानक में भले ही एक शहर कोटा की दिखती है, मगर ये हर 'एज्युकेशन -हब' का सच है। इस नाटक की उपादेयता हर शहर के लिए है। रंगकर्मियों को चाहिए कि हर शहर में इस नाटक का मंचन करे ताकि युवा अपने को समझे। छोटे-छोटे संवाद, संवेदना से लबरेज हैं और दर्शक के मन तक सीधे पहुँचते हैं। मंचीय दृष्टि से यह एक सफल नाटक है। राम शर्मा को इसके लिए साधुवाद दिया जाना चाहिए।

संग्रह का दूसरा नाटक 'धनपति नवाब से प्रेम' है। यह नाटक पूरी तरह से मुंशी प्रेमचंद के जीवन पर केन्द्रित है। भारतीय साहित्य में प्रेमचंद का खास महत्त्व है और उनका जीवन प्रेरणादायी है। नाटककार ने उनके जीवन के अनछुए पहलुओं को इस नाट्य कृति में संजोया है। 'केनवास' बड़ा है मगर बहुत करीने से संवेदनशील प्रसंगों को इस

नाटक में शामिल किया गया है जो पाठक व दर्शक को गहरे तक प्रभावित करता है। नाटकीय अंदाज में रचनाकार के जीवन को इस तरह लिखने का बहुत कम प्रयास हुआ है इसलिए इसे नवाचार माना जाना चाहिए और नाटककार को बधाई दी जानी चाहिए।

संग्रह का तीसरा नाटक है 'जलन से जलतरंग'। यह नाटक भी देश की ज्वलंत समस्या पर केंद्रित है। महानगरों और बड़े शहरों में लड़कियों पर किये जाने वाले 'एसिड-अटैक' को नाटककार ने विषय-वस्तु बनाया है। यह समस्या, महानगरीय सोच का परिणाम है। एकतरफा प्यार से उत्पन्न इस तरह की घटनाओं को समाज मे कोई जगह नहीं मिलनी चाहिए। नाटककार ने समाज व व्यक्ति के सामने अपनी कृति से कई सवाल खड़े किए हैं, ये ही इस नाटक की खासियत है। नाटककार सवाल खड़े करता है, हल नहीं बताता। हल ढूंढने का काम आदमी, समाज का है। नाटक त्रासदी से पाठक व दर्शक के भीतर मर चुकी संवेदनाओं को जिंदा करने में सफल है। यह नाट्य संग्रह पूरी तरह से अनुपम है। नाटककार डॉ अर्जुन देव चारण कहते हैं कि नाटक वही लिखा जाना चाहिए जिसे मंचित किया जा सके। उस नजरिये से देखें तो राम शर्मा का यह नाट्य संग्रह जलन से जलतरंग रंगमंच के लिए अनमोल है। नाटककार को बधाई। राम शर्मा ने अपना काम कर दिया, अब रंगकर्मियों को आगे का काम करना है।

मधु आचार्य 'आशावादी'
सदस्य, संगीत नाटक अकादमी, नई दिल्ली

ज़िन्दगी की कड़वी सच्चाईयों में उम्मीद की कंदील जलाते नाटक

राम शर्मा 'कापरेन' एक ऐसे नाटक-लेखक हैं, जिनका ज़िन्दगी के रंगमंच से भी उतना ही निकट का रिश्ता है, जितना रंगकर्म की दुनिया से । उनके लिखे हुए तीन नाटकों धनपति नवाब से प्रेम, जलन से जलतरंग और कुकर फट सकता है एक नाटक संग्रह के रूप में प्रकाशित होने जा रहे हैं ।

यह मेरी खुशकिस्मती है कि जब हिन्दी के महान कथाकार मुंशी प्रेमचन्द के जीवन पर आधारित नाटक धनपति नवाब से प्रेम लिखा जा रहा था उसकी रचना प्रक्रिया के दौरान ही मुझे उसके कुछ अंश पढ़ने का सुअवसर प्राप्त हुआ ।

प्रेमचन्द का कथा-साहित्य सिर्फ हिन्दी नहीं विश्व साहित्य की अमूल्य धरोहर है । विश्व की शायद ही कोई ऐसी भाषा होगी जिसमें प्रेमचन्द की कहानियों और उपन्यासों का अनुवाद न हुआ हो ।

प्रेमचन्द की अनेक कहानियों के नाट्य-रूपांतर हुए हैं, विशेषकर कफ़न, पूस की रात और सवा सेर गेहूँ आदि के अनुवाद हिन्दी के जाने माने लेखकों और रंगकर्मियों ने किये हैं। उनकी कई कहानियों शतरंज के खिलाड़ी, हीरा मोती आदि पर फिल्में भी बनी हैं । किन्तु सम्भवतः 'धनपति नवाब से प्रेम' हिन्दी का पहला नाटक है जिसमें धनपति राय उर्दू में कहानियाँ लिखना प्रारम्भ करते हैं और तत्कालीन ब्रिटिश शासन द्वारा उनकी कलम पर पाबंदियाँ लगाये जाने के संघर्ष में प्रेमचन्द बनकर हिन्दी के शिखर कथाकार होने का गौरव प्राप्त करते हैं । राम शर्मा 'कापरेन' ने प्रेमचंद की निजी पारिवारिक ज़िन्दगी के साथ-साथ उनके समाजिक जीवन की महत्वपूर्ण घटनाओं का भी उल्लेख किया है, चाहे वह पिताजी के दुर्व्यवहार से घर छोड़ देना हो, शिवरानी देवी से विवाह करना, पर्दा प्रथा का विरोध करना हो या फिर महात्मा गांधी के आह्वान पर 1942 के भारत-छोडो आन्दोलन में अपनी नौकरी से त्यागपत्र दे देना हो।

अपनी पुस्तकें प्रकाशित करने के लिये स्वयं प्रेस खोलना, हंस और जागरण जैसी पत्रिकाएं निकालकर अपने जनपक्षधर और क्रान्तिकारी विचारों को जनता तक पहुँचाना, प्रेस में हुए घाटे और कर्ज से उबरने के लिये फिल्मों

में स्क्रिप्ट लिखने के लिये बम्बई जाना, फिल्मी दुनिया की व्यवसायिकता से मतभेद होने पर उसे छोड़कर वापस आ जाना सभी के ब्यौरे इस नाटक में है। नाटक में अनेक मजदूरों, किसानों पर हो रहे जुल्मों और ब्रिटिश-साम्राज्यवाद के विरुद्ध देश के लेखकों को लामबंद करने के लिये 1936 में प्रगतिशील लेखक संघ के अध्याय के रूप में ऐतिहासिक आह्वान करना भी शामिल है।

इस संग्रह का दूसरा नाटक है जलन से जलतरंग।

नाटक का कथानक, संवाद और गठन बेहद रोचक और प्रभावशाली है।

नाटक की केंद्रीय पात्र 'निमिषा' अपनी पढ़ाई के साथ-साथ एक गायिका भी बनना चाहती है।

जिसके नैसर्गिक गुण उसके अंदर हैं। इसके लिये वह 'सिंगिंग-क्लास' ज्वाईन करना चाहती है, मगर उसके कठोर स्वभावी पिता इसकी इजाजत नहीं देते।

इसके बावजूद वह परिवार की अनुमति के बिना गायन सीखने जाती है। उसकी सहेली फातिमा का भाई उसकी इस छुप कर और क्लास से बंक लगाकर सिंगिग क्लास में जाने की बात के आधार पर उसे ब्लैक- मेल करता है, उसका पीछा करके जबरन विवाह का प्रस्ताव रखता है, जिसे निमिषा पूरी तरह से नकार देती है। फातिमा का भाई उससे प्रतिशोध लेने के लिये उसके चेहरे पर तेज एसिड डाल देता है।

परिणाम स्वरूप निमिषा का पूरा चेहरा विकृत और कुरूप हो जाता है। किन्तु निमिषा हार नहीं मानती, अपने गायन का अभ्यास जारी रखती है और एक दिन अमेरिका के गायन-कार्यक्रम में अपनी प्रतिभा से श्रोताओं को चमत्कृत कर देती है।

नाटक समाज की इस बेहद घिनौनी एवं निकृष्ट प्रवृति को सामने लाने का प्रयास करता है।

हाँ, नामकरण में वह पात्र एक धर्म विशेष का न होकर अन्य धर्म का भी हो सकता था। किन्तु लेखक ने इसे एक समाजिक समस्या के रूप में ही प्रस्तुत किया है और निमिषा के प्रतिशोध को एक रचनात्मक दिशा देने का कार्य किया है। अंतिम और तीसरा नाटक है 'कुकर फट सकता है।' यह नाटक भी लेखक की सामाजिक-संवेदनशीलता का निकष है। कोटा शहर आज पूरे विश्व में इंजीनियरिंग और मेडिकल की कोचिंग के लिये विख्यात हो गया है।

प्रतिवर्ष यहाँ करीब डेढ़ से दो लाख छात्र देश के विभिन्न हिस्सों से डॉक्टर, इन्जीनियर बनने का किशोर सपने संजोये इस शहर में प्रवेश करते हैं किन्तु यहाँ कोचिंग-व्यवसाय के अमानवीय शिकंजे में फँस कर वे अपनी सहजता खो बैठते हैं और तनाव के शिकार हो नशाखोरी और अन्य भटकावों का शिकार हो कर अन्ततः किस तरह आत्म-हत्या का रास्ता चुन लेते हैं, इसे नाटक में बेहद यथार्थ और मनोवैज्ञानिक ढंग से प्रस्तुत किया गया है। लेखक बताता है कि किस तरह छात्रों के अभिभावक केवल उनकी कोचिंग के पैसे जुटा कर अपने कर्तव्य की इति श्री समझ लेते हैं और उस छात्र या छात्रा पर क्या गुजर रही है पीछे मुड़ कर भी नहीं देखते। यह नाटक कोचिंग संस्थानों के धन लिप्सा के मकड़जाल में फँस कर रह जाने के प्रति गहरे सामाजिक प्रश्न खड़े करता है। साथ ही वह आत्महत्या के कारणों का विश्लेषण करते हुये छात्रों में ज़िन्दगी जीने का विश्वास उत्पन्न करता है। नाटक द्वारा लेखक कहता है कि यह उनकी ज़िन्दगी का अंतिम पड़ाव नहीं बल्कि शुरुआत है। यह नाटक छात्रों की किशोर पीढ़ी में हताशा के स्थान पर उम्मीद के नये सपने जगाता है और नये रास्ते खोजने की ओर प्रवृत्त करता है।

मैं नाट्य लेखक राम शर्मा 'कापरेन' द्वारा इन तीन नाटकों वाले संग्रह के प्रति आश्वस्त हूँ कि इन्हें साहित्य के सुधी

पाठकों द्वारा तो सराहा जाएगा ही रंगकर्म की दुनिया में भी इसका यथेष्ट स्वागत किया जाएगा क्योंकि इनमें रंगमंचीय गुणों का बेहतर समावेश है । मैं इस नाट्य-संग्रह के लेखक के प्रति गहरी संभावनाएं व्यक्त करता हूँ कि भविष्य में वे और भी अधिक अपनी नाट्य-लेखन-कला और सामाजिक दृष्टि को निखारेंगे और उन्नयन करेंगे।

महेंद्र नेह
महासचिव विकल्प जनवादी सांस्कृतिक सामाजिक मोर्चा
80, प्रताप नगर, दादाबाड़ी कोटा।

अपने समय के भावों-अनुभावों से उभरती: जलन से जल तरंग

जीवन और जगत् के मध्य यात्रा करता हुआ व्यक्ति अपने सामाजिक सन्दर्भों के प्रति सचेत तो रहता है, तथापि उसकी संचेतना का प्रवाह उपेक्षा के आँगन में होने लगता है, तो वह अपनी मूल संवेदना से भटकता चला जाता है। इस भटकन को सही दिशा प्रदान करने में व्यक्ति के जीवन में घटित सन्दर्भ एक महत्वपूर्ण भूमिका निभाते हैं। जब घटनाओं का प्रसंग आता है तो दृश्य-परिदृश्य उभरना स्वाभाविक है और यही दृश्य-परिदृश्य व्यक्ति और समूह की उपजी मानसिकता को उभारते चले जाते हैं। जहाँ व्यक्ति के भाव और समूह की क्रिया एक दृष्टान्त खड़ा करती है। इस दृष्टान्त में ही जीवन के विविध रंगों का समावेश होता है। ये वही रंग होते हैं जो जीवन के मंच पर उभरते हैं और व्यक्ति की निश्चेतना को चेतन करते हुए उसे एक दिशाबोध प्रदान करते हैं।

नाटक का मूल उद्देश्य भी यही होता है। इसीलिए तो यह मनोरंजन का साधन ही नहीं अपितु दिशा परिवर्तन का साध्य भी है। इस माने में भी कि नाटक मनोरंजन के साथ यथार्थ एवं आदर्श को समन्वित कर चेतना जागृति का एक आधार होता है जो अपनी प्रस्तुति में संवेदना के स्तर को मुखर करता है। इसीलिए भरत मुनि ने नाटक को पंचम वेद कहा है। उनके अनुसार नाटक में ऋग्वेद का संवाद, यजुर्वेद का अभिनय, सामवेद का संगीत तथा अथर्ववेद का रस समाविष्ट होता है। लोकाराधन के साधन नाटक अपने समय को जीवन्त कर जीवन मूल्यों की स्थापना में महती योगदान करते हैं। नाटक के ऐसे ही अभिहीत को उभार कर अपने समय के भावों -अनुभावों को उजागर करती राम शर्मा 'कापरेन' की नाट्य कृति 'जलन से जल तरंग' एक ऐसी कृति है जिसमें सामाजिक जीवन के कथा-सूत्रों को अभिनय के साथ समन्वित किया है। चूँकि लेखक स्वयं एक अनुभवी नाट्यकर्मी है तो स्वाभाविक है कि उसके लेखन में अनुभूत परिवेश की गहनता नाटक की ग्राह्यता और उसके आकर्षण को बनाये रखती है। कृति में संगृहीत तीनों नाटकों में कला, शिल्प और कथा-अभिनय के त्रिआयाम उभरते हैं फिर चाहे वह धनपति नवाब से प्रेम हो या कुकर फट सकता है या फिर शीर्षित नाटक जलन से जल तरंग हो।

नौ दृश्यों में विभाजित जलन से जल तरंग नाटक में एसिड बर्न से पीड़ित निमिषा की जलन को जलतरंग में बदलते पड़ाव है, जिसका ध्येय विचार है- "बेटा तूने अटैक के दौरान जो शारीरिक जलन झेली है और बाद में उससे भी ज़्यादा समाज ने जो जलन तुझे दी, उस जलन को तुझे एक जल-तरंग बन कर मिटाना होगा।" यही होता है और निमिषा समाज के समक्ष नारी के सम्मान के लिए सोच में परिवर्तन की पहल करती है। वहीं चौदह दृश्यों में कलम के सिपाही, उपन्यास-सम्राट प्रेमचन्द के जीवन का नाट्य-रूपान्तरण है जिसमें सागर की लहरों की भाँति उठते उनके अनवरत् लेखन में समाहित सामाजिक यथार्थ की छवि को विस्तार दिया है। इस विस्तार में प्रेमचन्द की असाधारणता एक प्रकाश-पुञ्ज की भाँति उभरी है। इस माने में कि - 'वो प्रेमचन्द तो, इतनी जल्दी कैसे मर सकता है ? यह कोई और ही मरा होगा। प्रेमचन्द क्यों मरेगा ? नहीं मर सकता 'प्रेमचन्द' कभी नहीं...। कभी नहीं...।"

काम ऐसा करो जो मरने पर भी जीवित रहे तथापि ऐसा नहीं हुआ और "कुकर फट सकता है" का जन्म हुआ। यह जन्म उस नाटक के कोशिकीय विभाजन का परिणाम रहा जो पढ़ाई के प्रेशर में विच्छिन्न मेघ से हो जाते हैं। इस नाटक में कोचिंग परिवेश की गहन पड़ताल सामने आयी है, तो प्रस्तुति की कला आठ दृश्यों में उभर कर सन्देश प्रसारित करती है मानसिक दबाव में न रहें आने वाले उतार-चढ़ाव से साहस से सामना करें।

अन्ततः यही कि ये तीनों नाटक अपनी विषय वस्तु की गहनता और सामाजिक जीवन की वास्तविकता को उभार कर सकारत्मक पहल की ओर संकेत करते हैं। संकेत के यही तत्व व्यक्ति को कर्मठ और कर्मशील रहने का भाव प्रदान करते हैं। यही नहीं ये नाटक अपने कला पक्ष से जन-जन के जुड़ाव की तरंग से उठती ध्वनि को प्रतिध्वनित करते हैं दिशा बोध प्रदान करते हैं।

विजय जोशी
174 - बी, आरकेपुरम्
कोटा- 324010 (राज.)

निर्देशक की कलम से

वैसे तो मुंशी प्रेमचन्द जैसे महान लेखक की किसी भी कृति का नाट्य मंचन करने का अपनी ही तरह का निराला व सुखद अनुभव होता है लेकिन पिछले पाँच दशकों में प्रेमचन्द जी की बहुत सी कहानियों में अभिनय करने और 'रंगभूमि, निर्मला, ग़बन व मंगलसूत्र जैसे उपन्यासों का नाट्यरूपान्तरण करके अपनी ही रंग संस्था 'रंगसप्तक 'द्वारा निर्देशित करने के पश्चात तो प्रेमचन्द जी के अनूठे विशाल व्यक्तित्व, उनके लेखन के विषयों, उनकी मुहावरों से अलंकृत किन्तु सादगी भरी भाषा आदि से मेरा तो जैसे बहुत ही गहरा व आत्मिक लगाव हो गया है।

अपनी इस रंग यात्रा में, हाल ही में, 'दिल्ली साहित्य कला परिषद्, दिल्ली' द्वारा आयोजित मोहन राकेश नाट्य सम्मान समारोह' में कोटा निवासी नाटककार श्री राम शर्मा 'कापरेन' के प्रेमचन्द के जीवन पर आधारित नाटक 'धनपति नवाब से प्रेम' को निर्देशित करने का प्रस्ताव आया तो मैं अतिव्यस्तता के साथ-साथ अस्वस्थ होने पर भी इन्कार न कर सका।

इस एकदम नये नाटक का निर्देशन करते हुए कुछ कठिनाइयों का सामना करना पड़ा । एक तो नाटक काफी लम्बा था, इसलिए प्रेमचन्द के जीवन की महत्वपूर्ण घटनाओं को यथा सम्भव समावेश करके नाटक को लगभग एक घण्टा पैंतीस मिनट तक संक्षिप्त करना पड़ा। दूसरा मुंशी जी के सम्पूर्ण जीवन-काल (लगभग 7 वर्ष से 56 वर्ष तक) को मंच पर जीने के लिए प्रेमचन्द की भूमिका करने के लिए एक से अधिक अभिनेताओं की आवश्यकता थी जिनमें शक्ल-सूरत व शारीरिक भाषा के आधार पर साम्यता भी हो। तीसरी, नाटक की पूरी प्रक्रिया में ढाई से तीन महीने लग गए, क्योंकि कुछ कारणों से तैयारी के बीचों -बीच ही 'साहित्य कला परिषद' को इस उत्सव को अनिश्चित काल के लिए स्थगित करना पड़ा, जिसके फलस्वरूप कुछ अभिनेताओं का चयन फिर से करना पड़ा।

खैर, इन सब व्यावहारिक कठिनाइयों के चलते उनका समाधान भी निकला और अन्तत: 10 जनवरी 2023 को दिल्ली के 'कमानी ऑडिटोरियम' में इस नाटक का सफलता पूर्वक मंचन हुआ जिसका खचाखच भरे प्रेक्षागृह में दर्शकों ने करतल ध्वनि से स्वागत भी किया।

पिछले काफी वर्षों से मैं 'साहित्य कला परिषद्, दिल्ली' की नये नाटक कारों को प्रोत्साहित करने हेतु इस योजना के तहत 'मोहन राकेश नाट्य उत्सव' में कई नए नाटक कारों के कई नाटकों का निर्देशन कर चुका हूँ। मुझे अच्छा लगता है और इस बार भी लगा। इस नाटक के रचना कार श्री राम शर्मा 'कापरेन' को बधाई! नए नाटकों की शृंखला में इस नाटक का भी स्वागत है।

सुरेन्द्र शर्मा
196, प्रथम तल, वैशाली, पीतमपुरा, दिल्ली-110034

निर्देशक की कलम से

बतौर निर्देशक मैं समकालीन यथार्थवादी नाटक तलाश रहा था जिसे मैं मेरी संस्था 'अज़हर एक्टिंग अकैडमी' के बैनर तले मंचित कर सकूँ। चूँकि मैं कोटा का रहने वाला हूँ और कोटा में बड़ी संख्या में बाहर के बच्चे आकर कोचिंग लेते हैं। लंबे समय से देख रहा था कि बच्चे अवसाद में आकर आत्महत्या तक कर लेते हैं। इसलिए मैं ऐसे नाटक की खोज कर रहा था जो कि विद्यार्थियों की इस प्राणघातक समस्या पर आधारित हो।

मेरे सामने श्रीमान् राम शर्मा 'कापरेन' द्वारा रचित नाटक 'कुकर फट सकता है' आया। जिसको मैंने पढ़ा और जिसने मुझे अहसास दिलाया कि हम बड़ी ही आसानी से यह कह देते हैं कि बचपन जीना और उससे बड़ा होकर जीवन को संतुलित करना बहुत बड़ा काम नहीं लेकिन आजकल के विद्यार्थियों पर कितना 'प्रेशर' होता है कि वे मानसिक रूप से इस हद तक प्रताड़ित होकर आत्महत्या के कगार पर पहुँच जाते हैं।

बढ़ती हुई विद्यार्थियों की आत्महत्याओं की घटनाओं के चलते मुझे यह नाटक अंधेरे में एक दीपक की रोशनी का काम करता दिखाई दिया। मैंने इसके कई शो मंचित किए।

बच्चे 'प्रेशर' में आकर आत्महत्या तो कर लेते हैं परंतु उनके जाने के बाद उनके माता-पिता पर क्या बीतती है, यह बात बच्चे नहीं सोचते। इस नाटक में इसी बात से अवगत कराया गया है। जब मैं इस नाटक को कर रहा था तब मुझे भी अहसास हुआ कि यह नाटक आज के समाज में कितना ज़रूरी है और जब यह नाटक हमने मंचित किया तो दर्शकों ने ना केवल मौखिक रूप से बल्कि आंखों में आँसू भरकर हमें धन्यवाद कहा।

मुझे व्यक्तिगत रूप से लगता है कि इस नाटक को हर शैक्षिक-संस्थान यथा स्कूल और कॉलेज में प्रस्तुत कराया जाए। जिससे कि बढ़ती हुई बच्चों द्वारा की जाने वाली आत्महत्या की घटनाओं को रोका जा सके।

मैं श्रीमान राम शर्मा का बहुत-बहुत धन्यवाद देना चाहूँगा, जिन्होंने अपने लेखन के कौशल से इतना सजग नाटक लिखा जो कि आज के समाज की एक बहुत बड़ी समस्या का निवारण है।

धन्यवाद

सैयद अज़हर अली

निर्देशक, कोटा।

अभिमत

"बड़ी खुशी और उत्साह के साथ मैं, मेरे अनुज श्री राम शर्मा "कापरेन" की डेब्यू किताब "जलन से जलतरंग" को हार्दिक समर्थन देता हूँ। यह अद्वितीय कृति वास्तव में साहित्य की दुनिया में, विशेष रूप से नाटक के क्षेत्र में एक अतुलनीय योगदान देने को आतुर तथा प्रतिबद्ध है।

श्री राम शर्मा "कापरेन" ने पिछली कृतियों के माध्यम से खुद को अत्यद्भुत नाटककार साबित किया है। इस पुस्तक के प्रत्येक नाटक में रचनात्मकता गहराई और दर्शन का एक अनूठा मिश्रण प्रस्तुत किया गया है ।उन्होंने निश्चित रूप से नाट्य-दृश्यरूपी आभामण्डल पर अपनी सक्षमता का निशान छोड़ दिया है। उनका तीसरा नाटक "धनपति नवाब से प्रेम" को दिल्ली में प्रतिष्ठित 'मोहन राकेश नाट्य पुरस्कार' से सम्मानित किया गया, जिससे यह स्पष्ट होता है कि उनकी कथानक-निर्माण-शक्ति नाटककार्य की मनोज्ञ कथाओं का तार बुनने की योग्यता अनुपम है।"

"जलन से जलतरंग" एक विचारों को प्रेरित करने और भावनात्मक रूप से प्रतिज्ञाबद्ध रचना है, जिसे कि राम भैया ने गहराई और प्रामाणिकता को मिला कर लिखा है। उनकी लेखनी मानवपर्यायी वाद-विवादों और आकर्षक कहानी-रेखाओं को बनाने के लिए वाकई प्रशंसनीय है।

राम भैया के बारे में उत्साहवर्धक बात यह है कि उनका व्यक्तित्व बहु-पहलू प्रकृति का है। एक ओर तो नर्सिंग अधिकारी के रूप में, वे स्वास्थ्य सेक्टर में महत्वपूर्ण भूमिका निभाते हैं, दूसरों के भलाई के लिए समर्पण भाव रखते हैं। साथ ही, लेखन और अभिनय के प्रति उनका प्रेम उनकी रचनात्मक आत्मा का प्रदर्शन करता है, जिसे उन्होंने सुख-पूर्वक निखार लिया है।

मुझे पूर्ण विश्वास है कि "जलन से जलतरंग" न केवल पाठकों को मोहित करेगी, बल्कि साहित्यिक और नाटक-विधा में महत्वपूर्ण योगदान भी करेगी।

श्री राम शर्मा 'कापरेन' की लेखनी की प्रतिभा उन लोगों पर अवश्य प्रभाव डालेगी जो उनके इस काम से जुड़ेंगे।

मैं "जलन से जलतरंग" का पूर्ण हृदय से समर्थन करता हूँ और श्री राम शर्मा 'कापरेन' को इस आगामी पुस्तक की भव्य सफलता के लिए अपनी शुभकामनाएँ प्रेषित करता हूँ। यह पुस्तक निश्चित ही उस ऊँचाई और प्रशंसा को प्राप्त करेगी जिसकी यह हक़दार है।

डॉ दीपक कुमार श्रीवास्तव
इनेली साउथ एशिया मेंटोर, संभागीय पुस्तकालय अध्यक्ष
राजकीय सार्वजनिक मंडल पुस्तकालय ,कोटा |

लेखकीय कलम की ओर से आभार

बात नाटक की ही चल पड़ी है तो मेरी यादों की लघु एवं मखमली पोटली जब खोलने लगता हूँ तो यह सवाल निकल कर सामने आता है कि नाटक लिखना पहले प्रारंभ किया या पहले मंच पर अभिनय । इसका उत्तर मेरे लिए उतना ही दुष्कर है जितना यह बताना कि पहले फूल खिला था या पहले उसमें सुहास आई।

मुझे याद है 'नर्सिंग प्रशिक्षण' के दौरान जवाहर कला केंद्र, जयपुर में एक हास्य नाटिका 'घोड़ा उपचार क्लिनिक' में अभिनय किया था । जिसे मैंने लिखा भी था किंतु आज जब उस पर विचार करता हूँ तो बड़ी ही सरलता से समझ में आ जाता है कि वह तो सोद्देश्य लेखन नहीं था। वो अभिनय भी तो नाटकीय-विधान के अनुरूप नहीं था।

कोटा आने के बाद जब अन्नू सिंह धाकड़ व अन्य साथी 'हिंसा परमो धर्म:' की स्क्रिप्ट पढ़ रहे थे तो मेरे अभिन्न सखा श्री विजय जैन ने इसकी सूचना दी । उनके एक अन्य मित्र भी इस रिहर्सल में शामिल थे । जैन साहब तो बीच में ही छोड़ कर चले गए लेकिन मैं उसमें रमता गया। यदि मंचीय-विधान-अंतर्गत मेरा अभिनीत नाटक जिसको प्रथम कहा जाए तो इसे ही कहना उचित रहेगा। फिर तो कई नाटकों में अभिनय कौशल अनवरत रूप से विकसित होता गया। नाटक 'अपहरण भाईचारे का ' में अभिनय के पश्चात सैय्यद अज़हर अली ने एक दिन चर्चा में कोटा की कोचिंग्स से जुड़े मेडिकल और इंजीनियरिंग के विद्यार्थियों की आत्महत्याओं मे वृद्धि पर चिंता व्यक्त की, जिससे मूल संवेदनात्मक रूप से तो मैं भी पहले से ही जुड़ा हुआ था। इस चिंता को लेकर एक नया नाटक लिखना प्रारंभ किया। कृष्णा, संजीव शर्मा ,अवेस ,आदि समर्पित कलाकारों ने इसमें जुड़ना शुरू किया।

ज्योतिका माहेश्वरी की कार्य-पृष्ठभूमि से जो लाभ मिला उससे 'कुकर फट सकता है' वास्तविक धरातल पर खड़ा हो गया। इन्होंने अभिनेत्री के रूप में भी अपनी भूमिका इस नाटक के मंचन में अदा की थी। पिता के रूप में मेरी भी छोटी सी भूमिका थी। इस प्रकार एक चिंता के परिणाम स्वरूप 'कुकर फट सकता है' लिखा।

नाटक 'जलन से जलतरंग तक' प्रेम में व्यक्ति का मानसिक दिवालियेपन का प्रस्फुटित नग्न बयान है लेकिन यह तय है कि इस से जीवन की रागात्मक-स्वर तनिक भी क्लीव नहीं होता।

एकपक्षीय-प्रेम संचनीय होता है , दंड देने का अधिकारी कभी नहीं । ऐसे ही विद्रूप प्रेम का शिकार होकर निमिषा 'अम्लीय-आक्रांतता' से गुजरकर भी जीवन के प्रति स्वयं को आशावादी कर लेती है।

जब इस नाटक का लेखन पूर्ण हुआ , उस दौरान बॉलीवुड में एक फिल्म इस विषय को लेकर आ गई थी। इसलिए इसके मंचन को टाल दिया गया।

नाटक 'धनपति नवाब से प्रेम' (शून्य से शिखर की यात्रा में प्रेमचंद) का लेखन उस वक्त आरंभ किया , जब संपूर्ण विश्व के लिए कोविड-19 का संत्रास दुर्भोग्य हो रहा था । ऐसे में हम चिकित्सा-कर्मियों की जिम्मेदारी कई गुना बढ़ गई । हमसे चौदह दिन के लिए ड्यूटी करवाई जाती थी और चौदह दिन क्वारंटाइन रखा जाता था। पहले दिन ही भयभीत करने वाली ड्यूटी से मुक्त होकर होटल के कमरे में पहुँचा तो मैंने प्रेमचंद के जीवन को लिखना आरंभ कर दिया। प्रेमचंद के द्वारा लिखी गई कई रचनाओं पर अनेक नाट्य रूप सामने आए हैं , मंचित भी हुए हैं लेकिन उनके निजी जीवन पर मैं नाट्य-रूपांतरण लिखना चाह रहा था। प्रेमचंद के संपूर्ण जीवन को पढ़कर कई दृष्टिकोण से विचारने के बाद मैंने लिखना आरंभ किया। यह नाटक विकास के तीन चरण और लगभग एक वर्ष में पूर्ण हुआ।

जब इसको 'साहित्य कला परिषद नई दिल्ली' के द्वारा 'मोहन राकेश नाट्य लेखन पुरस्कार' मिला और जब इसका मंचन 'कमानी ऑडिटोरियम, दिल्ली में मेरे सामने हो रहा था तब ऐसा ही लग रहा था जैसे मैंने जो अंकुर डाला था वह सामने लहलहा गया हो।

इस नाटक के लेखन में सहयोग हेतु कई महत्वपूर्ण साथियों के साथ-साथ श्री ओम प्रकाश गोस्वामी, श्रीमती प्रतिमा व्यास और पुन: ज्योतिका माहेश्वरी का आभारी रहूँगा।

प्रत्येक व्यक्ति प्रत्येक कार्य में आद्यांत कई शक्तियों का आभारी रहता है।

मैं इस पुस्तक के आशीर्वाद के लिए पिताजी श्री केदार लाल शर्मा , माताजी श्रीमती गीता बाई शर्मा को श्रद्धानवत होकर प्रणाम करता हूँ, जिनके पालन-पोषण के उपरांत इस पुस्तक को लिखने योग्य बन सका।

साथ ही दादाजी श्री जगदीश प्रसाद, दादीजी सोहनी बाई के स्नेह और त्याग को मैं कभी भूल नहीं सकता।

सुनील , अग्रज होने के नाते सख्ती थोड़ी तो मुझपे सुहाती ही है लेकिन तुम ही मेरे अटल सम्बल थे और रहोगे। अनुज-भार्या, अपर्णा तुम सदा कर्तव्य-पथ पर बढ़ती रहोगी, मुझे पूर्ण विश्वास है।

जीवनसंगिनी चित्रा , विपरीत हालात में भी संमंजित करके जीवन जीने के लिए तुम्हारा प्रेम मिश्रित धन्यवाद करता हूँ। वैसे तो जीवन के प्रत्येक कालखंड में तुम्हारा संग रहा ही लेकिन क्वारेन्टीन काल के दौरान क्वारंटाइन-स्थल पर सर्दी हो या गर्मी, काढ़े और चाय की गर्माहट और प्रतिरोधक क्षमता पाकर विचार उत्पन्न होते रहे जो लेखन में बदलते रहे ।

यश वर्धन, वंश वर्धन तुम दोनों बढ़ते बेटे हो, जीवन में नैतिक और अनैतिक के बीच का अंतर अवश्य समझना।

मेरे सबसे लाड़ले डील्लू को बहुत बहुत प्यार।

अंत में मैं उन सभी महानुभावों का भी शुक्रगुजार हूँ जिन्होंने इस पुस्तक पर अपने अमूल्य विचार रखे। सर्व श्री मधु आचार्य, महेंद्र नेह, विजय जोशी, दीपक श्रीवास्तव, सुरेंद्र शर्मा और सैयद अज़हर, निर्देशक आपने मण्यातिमूल्यवान शब्दों के उपहार देकर मुझे उपकृत कर दिया है।

राम शर्मा 'कापरेन'

कोटा।

कुकर फट सकता है

पात्र

1 अधेड़ 2 किशोर 3 ऑटो चालक 4 रूम-पार्टनर 4 हॉस्टल वॉर्डन 5 किशोर के पिता 6 किशोर की माता 7 अधेड़ की पत्नी 8 अधेड़ के बच्चे वाला हॉस्टल वॉर्डन 9 पुलिस वाला 10 डॉक्टर

प्रथम दृश्य

{मंच के बायें भाग से एक अधेड़ आदमी का प्रवेश। वह अर्ध–विक्षिप्त जैसा चलता हुआ मध्य में आकर सीधा खड़ा होता है। अपनी छड़ी को उठा कर सिर पर लगी फटी पुरानी टोपी में फंसा लेता है।}

अधेड़

(जोर से हँसता है और स्वयं आधा घूम जाता है। जैसे किसी दूसरे आदमी को सामने मानकर हाथ मिलाने के लिए बढ़ाता है।)

हम है जॉन पॉल, फ्रॉम इंटरपॉल
कोटा देखना चालू, फ्रॉम पाटनपोल।
(वापस सीधा होकर और अकड़ कर)
तो–––क्या तू तोप है? कोटा मेरी बरात में आया है ?
(वापस आधा घूमकर नेपाली अंदाज में सलाम ठोक कर)

शारी...शारी... शाअब जी। कोटा घूमा दो नाSSS।

(पैर पकड़ कर गिड़गिड़ाने के अंदाज में। फिर मुड़कर सीधा हो जाता है। गहरी सोच में। फिर आगे बढ़ता हुआ।) चलो दिखाता हूँ कोटा और कोटा का सच

रुको, देखो इसे कहते है हम सभी घटोत्कच।

(झटके से घूम कर फिर उसी कारुणिक अवस्था में लौट आता है।)

फव्वारा बहे तो लगे जैसे आँसू बहाए मगरमच्छ
इसकी सफेदी के पीछे रखता है गम 'ठु मच'।

(रुक कर वापस मुड़ जाता है। सीधा हो जाता है।)

देखो सारा जग सेवन वंडर्स को सराह रहा है।

(घूम कर दर्द भरी आवाज में)

यह देखें यहाँ का कंकर पत्थर कराह रहा है
(फिर चलता है।)
इस नयापुरा का 'वेदर' हमेशा रंगीन रहता है।
(घूम कर उदासी पूर्ण लहजे में)

आजकल उदास यहाँ का नमकीन रहता है। (फिर बढ़ता है और कुछ सूंघता हुआ कहता है।)

रामपुरा केशवपुरा तलवंडी की गरम कचौड़ी। (घूम कर कराहता हुआ)

दाम तो बढ़ाये मगर नाम में कमी आई थोड़ी।
(कुछ कदम बढ़ा कर रुकता है। कमर हिला हिलाकर बोलता है।)
कांच की बिल्डिंग में होता रॉक एण्ड रॉल।
(घूमकर थकी थकी सी आवाज में।)

थके हारे बच्चों की जगह है सिटी मॉल।
(इस बार बिना घूमे कुछ पहचानने के भाव से खड़ा होकर घोड़ा हाँकने का अभिनय।)

पहचान लिया मैनें था जिसे खूब सराहा,
यही है न घोड़े वाले बाबा का चौराहा।
(हिनहिनाता है और फिर गाता है।)

घोड़ा दौड़ा दुम उठाई
रेस हारा तो मार खाई
कैसी डगर चला है भाई
कौन अपना कौन कसाई।
(गाते गाते सिसक पड़ा। सिर पकड़ कर नीचे बैठ जाता है।)

{ मंच पर धुँआ फैल जाता है। एक सत्रह वर्ष का किशोर प्रवेश करता है। एकदम सफेद रंग के कपड़े पहने हुए किशोर ने उस अधेड़ के कंधे पर हाथ रखा तो वह ऐसे चौंक पड़ा जैसे किसी ने उसे गहरी नींद से जगा दिया हो। इधर उधर देखता है। }

किशोर
(अधेड़ के कंधे पर हाथ फिराते हुए, बहुत ही शांत स्वर में बोलता है।)

इतने बेचैन? क्या जीवन में बहुत कुछ खो दिया, महानुभाव ?
(अधेड़ तो जैसे किसी दुनिया से निकल कर एक नई दुनियां में ही आ गया हो।)

अधेड़
नहीं, नहीं, खोया, क्या खोया? अरे! कौन बेचैन?

हवा में जरा सांस लेने आया हूँ अरे! मैं तो कोटा घूमने आया हूँ।

कोटा शहर, प्यारा शहर, सपने सच करने का शहर।
एलियन जैसे कुछ ढूंढते मेरे नैन नहीं जी नहीं, भला कौन बेचैन?
(सम्भल जाता है।)

शिक्षा नगरी है यहाँ कैसी बेचैनी ?
कैरिअर की भट्टी कितनी सलोनी।
(मगर अचानक भाव बदलते हैं। चेहरा गुस्से के कारण सपाट हो जाता है)
मगर ध्यान रखो, हादसा घट सकता है।
प्रेशर ज्यादा हुआ तो कुकर फट सकता है।
'सिटी ऑफ एजुकेशन'——एजुकेशन——एजुकेशन।
सर्वोत्तम एजुकेशन।
कुछ यहाँ आते हैं पढ़ने को चले जाते हैं जाने कहाँ को।'

(बरबस आंखे छलक जाती है। मटमैले कुर्ते से आंखें पोंछता है।)

एक होप देती है एजुकेशन, जीवन में अवसरों का सलेक्शन देती है, मौत का इन्विटेशन नहीं देती। सेलिब्रेशन देती है, रिजेक्शन नहीं देती। विचारों में इनोवेशन देती है, इनक्लिनेशन नहीं देती। शिक्षा मानव का नॉलेज के लिए एक पॅजिटिव रिएक्शन है, क्रिएशन है, कलेक्शन ऑफ इनफॉर्मेशन है, यह नहीं देती डिप्रेशन।

(कुछ पल रुककर गर्दन टेढ़ी करके पूछता है।)

बड़ी देर से मौन हैं,
बेटे आप कौन हैं ?

किशोर

इसका कोई अर्थ नहीं है कि मैं कौन हूँ, बल्कि मैं क्या हूँ यह समझने की जरूरत है, जिसकी कोई कोशिश ही नहीं करता। मैं किसी का कलेजा हूँ, एक बहन का आँसू हूँ, ख्वाब हूँ छोटे भाई का, जज्बा हूँ चढ़ती जवानी का, मैं राष्ट्र का ध्वज हूँ।

अधेड़

ओह ओऽऽऽ! आप तो सन्नी देओल है, नहीं वो तो ——। अरे! आप तो अन्ना हैऽऽऽ। नहीं नहीं, वो तो——।

(सिर खुजलाते हुए) भला मेरे बंद पड़े दिमाग में कैसे आपकी इतनी बड़ी—बड़ी बातें आएंगी। खुल के बताइए ना, प्लीज, कौन हैं आप?

किशोर – मैं भी इसी शिक्षा नगरी में एक 'टारगेट' लेकर आया था। जिस पर 'अटेंशन' देने के लिए 'इमोशन' का 'मोशन' लिए मैं कोटा के प्लेटफॉर्म नंबर एक पर उतरा था।

द्वितीय दृश्य

{ मंच पर नए रंगीन मॉडर्न कपड़े पहने अत्यन्त उत्साह के साथ वही किशोर रेल्वे–स्टेशन से बाहर आता है। अपना बैग कंधे पर उठाए छोटी छोटी नई उगी मूंछों के साथ और सेना के जवान के समान जोश से लबरेज़ था। नेपथ्य में ऑटो वालों की आवाजें। किशोर एक ऑटो वाले को आवाज देता है। }

ऑटो वाला

हॉ भैया, कौनसी कोचिंग छोड़ दूँ?

किशोर

कोचिंग से पहले रुम देखना है।

ऑटोवाला

आओ 'एवन–रुम' दिलाता हूॅं। ए.सी. चौदह हजार रुपये/– मात्र। 'रुम प्लस मेस,नो डिस्टर्ब, नो एक्स्ट्रा चार्ज।' अपना ही होस्टल है। किशोर – अपना मतलब आपका हॉस्टल?

ऑटो वाला

हाँ, अपने भाईयों के ही हैं। आप तो बिंदास रहना भाई।

किशोर

अरे! भैया हम कुछ नहीं जानते हैं। खैर, चलिए भाई चलिए।

(किशोर को ऑटो में बिठा कर ऑटोवाला ऑटो स्टार्ट करके चला जाता है। हॉस्टल के सामने ऑटो खड़ा किया। संयोग से हॉस्टल का मालिक बाहर ही खड़ा था। ऑटो वाला उसके पास जाकर बात करता है। किशोर पीछे–पीछे आता है।)

ऑटो वाला

लो साहब, मेहमान लाया हूँ।

हॉस्टल वाला

(किशोर से) आइए, आपको रूम दिखवाता हूँ। अंदर चलिए।
(हॉस्टल वाला किसी को रूम दिखवाने के लिए आवाज देता है। किशोर अंदर चला जाता है।)

ऑटो वाला

पिछले चार बच्चों का अभी बाकी है। इस बार ज्यादा कमीशन लूँगा। नहीं तो दूसरी जगह छोड़ दूँगा। साफ बोलता हूँ भाई।

हॉस्टल वाला

भाई नाराज नहीं होना। इस बार बच्चे वैसे ही कम आए है। खर्चा निकालना भी भारी हो रहा है, लेकिन कहीं से भी दूँ, तुझे पूरा कमीशन दूँगा। समझे।
(ऑटो वाला ऑटो स्टार्ट कर के चला गया। हॉस्टल वाला 'सभी खाते हैं, खाऊमीत कहीं के' बड़बड़ाता हुआ अंदर चला जाता है।)

तृतीय दृश्य

(हॉस्टल के कमरे में सुबह पाँच बजे का समय। किशोर का रूम–पार्टनर कोचिंग जाने के लिए तैयार हो रहा था। वह सोए हुए किशोर को जगाने का प्रयास करता है।)

पार्टनर

भैया जी, बेच का टाइम हो रहा है। तैयार भी होना है कि नहीं?

किशोर

आठ–आठ घंटे बाँध के रखते हैं। पहले दिन से ही चालू हो गए। कैसे बाकी समय निकलेगा, डर लग रहा है यार। (आँखें मलते हुए) तीन घंटे की 'एक्स्ट्रा क्लास' भी रहती है।

पार्टनर

जब लड़ाई सपनों को साकार करने की हो तो याद रखो कि प्रथम हमले पर ही हथियार डालने वाले योद्धा कभी जीत हासिल नहीं कर सकते। समझे आप।

किशोर

हाँ भाई, सही है। कल से ही लग रहा है कि जैसे लकड़ी को भट्टी में झोंक दिया हो।

पार्टनर
इतनी हताशा होगी तो कैसे चलेगा? अभी तो देखिए क्या–क्या होता है । सुना है कि रौनक खो दोगे तो ही ज़िंदगी चमकेगी। चलिए उठिए, उठाइए ना अपने रजिस्टर।

(दोनों आगे बढ़ते हैं। पीछे से एफ. एम. पर गाना बज रहा था – 'आ चल के तुझे मैं ले के चलूँ––')

चतुर्थ दृश्य

(किशोर बाहर से हॉस्टल में प्रवेश करता है। उसके पार्टनर का शोर सुनकर वह कान लगाता है। हॉस्टल वॉर्डन और पार्टनर में गर्मा–गर्म बहस चल रही थी। पार्टनर आग–बबूला होकर मंच के दायीं तरफ से बड़बड़ाता हुआ प्रवेश करता है।)

किशोर
क्या हुआ भाई?

पार्टनर
रोज ही छोटी छोटी बातों पर टॉर्चर करता है यार, जैसे हम टेररिस्ट हों। जूते यहाँ मत खोलो, नल से पानी खुला छूट गया, लाइट जली रह गई, पास के रूम वाले कम्प्लेन कर रहे थे, सीढ़ी पर धीरे चलो, बालकनी में खड़े मत रहो, यहाँ मत थूको, टाइम पर आओ––। अरे यार, सारी शिकायतें हमसे ही है? और भी स्टूडेंट हैं, पर नहीं, हमें ही खाता है, वॉर्डन कहीं का।

किशोर
टेंशन छोड़, कमरे में आजा। (दोनों कमरे में अंदर आकर दरवाजा बंद कर लेते हैं) यार, मैं भी तुझसे कुछ पूछना चाह रहा था। भाई आजकल तू दिन भर दिखाई नहीं देता। कमरे में भी लेट ही आता है। और हाँ, कल एक पुड़िया मिली थी, तेरे तकिये के नीचे। भई तू क्या नशा करने लग गया है?

पार्टनर
यार! आपसे क्या छिपाना, आप हमारे भैया हैं। राकेश याद है, जिससे मैनें उस दिन मिलवाया था? वही लाता है।

किशोर
राकेश, हाँऽऽ, रॉकी, है ना? यार वो तो उम्र में बहुत ही बड़ा दिखता है। उसने कितने 'अटेम्प्ट' दे दिए?

पार्टनर
अटेम्प्ट! वो तो पूरा ही पढ़ लिए। पैसे वाले बाप का बेटा है। डर लगता है उनका कि वापिस जाएगा तो किडनैप होगा। यहीं पर गैंग बना लिए। 'बिहारी टाइगर्स'। हम भी जॉइन किया हूँ। सभी बिहारियों को करना पड़ता है भाई। पुड़िया तो पता नहीं कैसे लाता है, मगर भाई लेने के बाद ज़िंदगी का मजा ही आ जाता है। अंधेरे में रोशनी की किरण सी दिखाई देती है, रे, बाबू मोशाय। (राजेश खन्ना की तरह अभिनय करता है।)

किशोर
(हँसता हुआ) अरे सुन तो, किरण से याद आया, कल वो हॉस्टल से 'सेल्फी' लेते हुए गिर गई थी। मुझे बड़ा दुख हुआ।

पार्टनर
अरे मेरे सीधे–सट्ट–मानुष, गिरी नहीं थी। राकेश के प्रेम में कुर्बान होना पड़ा बेचारी को। ऊके पास कूदने के अलावा और कोनु चारा नहीं था भैया। (हॉस्टल से बाहर निकलते हुए बोलता चला गया।) पढ़ाई तो बहाना है रे भाई, यहाँ सभी रहे अपनी अपनी कहानी चलाय रे बाबू मोशाय ––

पंचम्–दृश्य

(बंद कमरे में पड़ी हुई कुर्सी पर चेहरा लटकाए बैठा किशोर। घोर अवसाद की स्थिति में कभी दाँतों से नाखून काटता तो कभी तेजी से पैर हिलाता, बार बार सिर हिलाकर विचारों को झटकने का प्रयास करता। कभी पंखे को देखता, कभी चादर को देखता, तो कभी पास में पड़ी ब्लेड को निहारता है। थरथराते हाथों से ब्लेड उठाकर अपने हाथ पर काटने वाला ही था कि अचानक दरवाजे पर खटखटाहट की आवाज आती है।)

किशोर
(दरवाजे को खोलते ही फफक–फफक कर रो उठा) मम्मी, पापा आप! मुझसे इतने दिनों बाद मिलने आए हैं आप?

माँ
बेटा! तेरे पापा को छुट्टी नहीं मिल रही थी। देखो समय मिलते ही आ गए।

किशोर
पापा नहीं आ पाए तो आप ही आ जाती मम्मी।

माँ
अकेली कैसे आती, फिर घर पर तेरा छोटा भाई भी तो है।

किशोर
जानवर को भी खूंटे पर बांधकर एक बार वापिस जा कर जरुर देख लेते हैं। आप भी आकर तो देख लेते कि आपका बेटा किस तरह से जी रहा है।

पापा
(आंखें लाल करते हुए) किस तरह से जी रहा है वो हमें तुम्हारी रैंक से ही अंदाजा हो रहा है। कोचिंग से मैसेज आ जाते है कि आपका बेटा पिछड़ता जा रहा है। बीच में आ–आ कर हम तुम्हें और डिस्टर्ब कैसे कर सकते थे ? बोलो।

किशोर
(रुंधे गले से) डिस्टर्ब! पापा आपको केवल रैंक की चिंता है, मेरी कोई चिंता नहीं ?

पापा
मुझे तुम्हारी चिंता नहीं है तो फिर किसे है बोलो? क्या लाखों रुपये गैरों पर खर्च कर रहा हूँ? तुम्हें इतनी सुविधाएं समाजसेवा के नाम पर दे रहा हूँ क्या? पेट काट–काट कर पढ़ा रहा हूँ। समझे।
(उग्र होते देख माँ ने इशारे से पापा को शांत किया। पापा भी शांत हो गए। फिर बोले)
बेटा मैनें सपना देखा है कि जो मैं नहीं कर पाया वो तुम जरुर करोगे। तुम्हारा छोटा भाई कहता रहता है मेरा भाई डॉक्टर बनेगा। (रुककर) हमारे सपनों का गला मत घोंट। तू ही हार जाएगा तो लोगों को हम क्या मुँह दिखायेंगे ? बोल बेटा। (माँ की तरफ देख कर) चलो, बच्चे का टाइम खराब हो रहा है।
(किशोर कुछ कहने के लिए हाथ उठाता है लेकिन तब तक दोनों निकल चुके थे।)

षष्ठम् दृश्य

(मंच पर चारों ओर अंधेरा। बीचों–बीच किशोर खड़ा है। एक सेंट्रल लाइट किशोर पर आती है। उसने कानों पर उसकी दोनों हथेलियाँ रखी हुई है।)

एक तरफ से – कुछ आवाजें आना शुरु हुई जो उसे जैसे उकसा रही थी –

'आज हम पढ़ेंगे पॉलीमर्स'। 'और यह हो गई 'राईमर टीमेन रिएक्शन'। देखते है 'एनर्जी कंजर्वेटिव थ्योरी'। 'सेल इज दि फंक्शनल एंड स्ट्रक्चरल यूनिट ऑफ बॉडी।'

दूसरी तरफ से – तुम्हारी रैंक दिनों–दिन गिरती जा रही है। पढ़ोगे नहीं तो फेल हो जाओगे। ज़िंदगी बेकार हो जाएगी।

तीसरी तरफ से – घर से दूर आ गए हो, सफल नहीं तो कोई हल नहीं।
चौथी तरफ से –मेरे सपने पूरे करो। लोगों को क्या मुँह दिखायेंगे ? खून पसीने की कमाई है मेरी।

(किशोर चीखता है। जोर से कान बंद कर लेता है।)

'इतना दबाव मैं सहन नहीं कर पा रहा। बस, अब और नहीं। नहीं कभी नही।' (भाग कर जाता है, बिस्तर पर से चादर उठाता है। पंखे पर खुद को लटका देता है।)

सप्तम् दृश्य

(मंच पर सारी लाइटें जल जाती है। सफेद कपड़े पहने हुए एक बार फिर किशोर का प्रवेश। बायीं तरफ जाकर सिर झुकाए खड़े हो जाता है। पीछे से अधेड़ का प्रवेश। वह पीड़ा और क्रोध में तिलमिलाता हुआ बीच में आकर बोलता है।)

अधेड़
अरे! ओ हारे हुए योद्धा। कायर कहीं के। परास्त व्यक्ति। व्यक्ति?
(जोर से हँसता है। फिर घिन्न से) तू तो व्यक्ति है ही नहीं। अब समझा सफेद कपड़े में क्यों है!

(निराश स्वर में)

अरे कायर घनघोर, निकला इतना कमजोर।
छोड़ा समय का छोर, तोड़ दी जीवन–डोर।
अस्त कर दिया उगने से पूर्व सूरज को तूने,
अभी तो होनी बाकी थी एक नई नवेली भोर।

(गहरी घिन्नता से) अच्छा किया तूने, तेरा बोझ माँ बाप को आगे ढोना नहीं पड़ा। उनको जीवन भर रोता हुआ छोड़कर खुश है ना तू ?

किशोर

(सिर झुकाए) मैं क्या करता, मेरी सहनशीलता जवाब दे गई थी।

अधेड़–(समझाने के लहजे में) अरे बेवकूऽऽफ, सिर में जुएं पड़ जाए तो क्या सिर को ही काट लेते है ? जुकाम होने पर नाक काटना उचित है ? कितनी भी समस्या हो मरना तो समाधान कभी नहीं रहा।

क्या रामचन्द्र जी ने वनवास का कठिन रास्ता नहीं चुना था? क्या पांडव अपने लिए नहीं लड़े थे? (सांस लेकर)

कोई भी महापुरुष जन्म से ही महापुरुष नहीं होता है। समस्याओं का सामना करते–करते ही वह वैसा बनता है। साहस से खाली व्यक्ति को पापी ही माना गया है। समझा बेशर्म ?

किशोर

हाँ! हाँ! समझ गया। गुनाह किया था मैनें। तभी तो–––मरने के बाद भी शांति नहीं मिल रही मुझे। आज मैं कह सकता हूँ कि उस वक्त धैर्य रखना ही चाहिए था। (एक पल रुककर) लेकिन आप कौन हैं? आप की ऐसी हालत कैसे हुई ?

अधेड़

मैं एक बदनसीब बाप हूँ जिसकी भी तेरे जैसी ही एक नालायक औलाद थी। उसकी नादानी के कारण मुझ पर क्या–क्या नहीं गुजरी। पागल सा भटक रहा हूॅं। तुम्हारे जैसे कायर बच्चों के कारण ही पीछे वाले जीवन भर क्या सजा भुगतते हैं, क्या तुम्हे अंदाजा भी है ?

अष्ठम् दृश्य

(हॉस्टल का दृश्य। हॉस्टल का मालिक किसी के इंतजार में इधर से उधर चक्कर काट रहा था। बीचों–बीच सफेद चादर में लिपटी लाश। पर्दे के पीछे से अधेड़ कोट पेंट पहने प्रवेश करता है। पीछे पीछे उसकी पत्नी भी आती है। दोनों के चेहरे पर से हवाइयाँ उड़ी थी। लाश का चेहरा देख कर विलाप करते है। अधेड़ की पत्नी 'बेटा' कहकर चीखती है। वह लाश पर गिर जाती है। अचानक झटके से खड़ी होकर अधेड़ के सामने आ जाती है।)

माँ

(जहर भरी आवाज में)' मैनें कहा था आपसे (सिसकियाँ निकलती है), कईं दिनों से बच्चे का फोन नहीं आ रहा है (सिसकियाँ तेज) मैने किया तो ढंग से बात भी नहीं की। लेकिन आपके कानों पर जूं तक नहीं रेंगी।

(सिसकियाँ तेजी से उभरती है। टाई खींचते हुए।) यहाँ फीस भरकर मौत खरीदी है मेरे लाऽऽऽल की। क्या जिनके बच्चे डॉक्टर, इंजिनियर नहीं होते उनका समाज में कोई सम्मान, रुतबा नहीं होता। क्यों, बोलो, बोलो ना, बोलते क्यों नहीं ?

(अधेड़ चुपचाप सिर झुकाए खड़ा रहा। लाश की तरफ निरीह नजर से देखती हुई अचानक आंखों में खून उतारकर माँ बोलती चली गई।)

यदि ऐसी पढ़ाई का प्रेशर, मासूमों की हत्या तक कर देता है तो कहीं अच्छा है कि वह आर्ट्स की पढ़ाई कर ले। क्या आर्ट्स लेकर आई. ए. एस., आई .पी. एस. नहीं बनते हैं? मगर दिमाग में तो वही कीड़ा घुसा हुआ है। यह सोच कब ज़हन में खरपतवार के जितनी घातक हो जाती है, पता भी नहीं चलता है और लील जाती है फसल को। (विलाप करती है। वापस अधेड़ की तरफ मुखातिब हुई।)

क्या कभी उसकी हताशा, निराशा का जवाब बने आप? इससे पूछा कि पढ़ाई के अलावा खाना–पीना, घूमना–फिरना, हँसना–खेलना करते हो कि नहीं ? कुछ समय निकाल कर थोड़ी सी देर दोस्तों के संग गप्पे हाँके कि नहीं। लेकिन ––––। (अचानक आवाज टूटने लगती है। सांसे रुकने लगती है। बायीं तरफ सीने को मसलने लगती है।)

आपने –– भी –––– मारा है मेरे जिगर के –––– (धड़ाम से गिर जाती है। अविचलित।)
तभी नेपथ्य से चौपाइयाँ उभरती है।

अंधेरे में तू घिर जाए। मात–पिता क्यों समझ न पाए।।
कभी मरना हल नहीं होता। वो कम कहाँ कंस से होता।।
अपनों के अपने हो जाई। अपनों को दुःख ना दे भाई।।
बिन परिवार कौन पहचानें। मात पिता को जीवन मानें।।
उतार–चढ़ाव से जो हारे। तू इंसान नहीं कहला रे।।
अवसादों से क्यों भर आया। घेरा तोड़ वीर कहलाया।।

दोहा—हारी बाजी जीतकर, नीचे ला आकाश।
तू कुटुम्ब का दीपक है, तुझसे ही परकाश।।

हॉस्टल मालिक

(अधेड़ के पास में जाकर) रोना धोना जीवन भर करते रहना। मेरा बाकी हिसाब पूरा करो और निकालो जल्दी से बाहर, इस ———कचरे को।

अधेड़

(सिसकते हुए) भाई थोड़ी तो भावना रखिए, तुम्हारे भी बाल बच्चे होंगे।

(हॉस्टल का मालिक पहले से ही गुस्सा था। अपने बच्चों का नाम सुनकर आग बबूला हो गया।)

हॉस्टल मालिक

(अधेड़ को चाँटा रसीद कर दिया) मेरे बच्चों की तुलना इस कपूत से कर रहा है। अक्ल नहीं है क्या? और भावना की आशा तो तेरे खून से थी तुझे, यह मरी पड़ी है तेरी भावना और आशा। औलाद अपने कर्मों से अपने माँ बाप का नाम उठा भी सकती है और गिरा भी सकती है। मेरे पैसे ढीले कर और ढो कर ले जा तेरी इस सपनों की अर्थी को। चार दिन से सड़ रहा था कमरे में। कायर कहीं का। (दांत पीसता है) मेरे धंधे का कबाड़ा हो गया। उस हॉस्टल में फिर कोई रहने नहीं आता है जहाँ एक बार ऐसी कायराना हरकत हो जाती है। सारे बच्चे कमरे खाली करके भाग जाऐंगे। फिर ऊपर से पुलिस और प्रशासन का डर। वो अलग झंझट।
(तभी पुलिस वाले का प्रवेश होता है)

पुलिस वाला

बॉडी ऐसे ही ले जाना सम्भव नहीं होगा। सुसाइड जैसा घिनौना काम किया है। केस बनेगा केस। हाँ, वो बात अलग है, रास्ता भी होता है। हम आपके बच्चे की तरह थोड़े ही है कि कोई रास्ता ही नहीं सूझे। (लालची आवाज मे) केस रफा—दफा हो जाएगा यदि एक लाख हो। नहीं तो थाना, कचहरी, कागजी कार्यवाही, बयानबाजियाँ और भी तमाम जाने क्या—क्या चीजें सामने आएगी। पंचनामा—पोस्टमार्टम बहुत लफड़े है।
(डॉक्टर का प्रवेश)

डॉक्टर

हम ही तो तय करते है किसकी मौत कैसे हुई। बिना डॉक्टरी मुआयने के कैसे जाएगी इसकी बॉडी। हमने तो बताया ही नहीं कि इसकी मौत कैसे हुई। इसकी डेथ को हम नेचुरल डेथ भी बता सकते

हैं। कुछ नहीं हम तो मात्र सवा लाख ही लेंगे। अब भाई इतनी तो फीस ही बनती है। क्यों जी ?

अधेड़

हाँ, हाँ। नोंच लो आप लोग भी। भाग्य तो मेरा रूठा है। मेरा ही सोना कान खाने वाला निकला तो आप लोगों से भला क्या शिकायत करुँगा। (मृत–देह पर लेटी हुई पत्नी की तरफ बढ़ा। उठाने के लिए ज्यों ही कंधा हिलाया उसका शरीर एक तरफ लुढ़क गया। यह देख कर अन्य लोग मंच पर से भाग छूटते हैं।)

अधेड़

(एक ह्रदयविदारक चीख निकलती है लेकिन गले में फँसी रह गई।) हे! भगवान। यह क्या कर दिया रे तूने। मेरी तो दुनिया ही लूट ली।

अचानक सिर उठाकर आँसू पोंछता है। फिर गर्दन टेढ़ी कर लेता है। आंखें चौड़ी कर लेता है। कुछ सोचने की मुद्रा में आता है।
कंधे उछालता है। पागलों जैसे बर्ताव करने लगता है।

गीत

पूछो तो जरा उस पेड़ से, जिसकी चटकती है शाख।
वो आस लिए था सावन की, महिना आ गया बैशाख।।
कलेजा चीर के ले जाता है बिन बताए जो चला जाता है
क्या गलती की थी हमने ऐसी
जीवन को सजा बना जाता है।
आखिरी पल तक भूलेंगे नहीं, हमने की कोशिशें लाख।
जीवन के गलियारे खाली है
सींचे लुटे चमन को माली है
आंसू रहते पलकों पर सजे से
मुस्कराहटें लगती गाली है।
किसके लिए सम्भाले रखूँ, नए कपड़े व काजू दाख।
देख उजड़ी सपनों की नगरिया
लौट आजा अपनों की डगरिया
जीना रस्म निभाना बिन तेरे
हर पल सीने पे गिरे बिजुरिया।
घर के हर कोने में बिखरी, हृदय के ख्वाबों की राख।

धनपति नवाब से प्रेम

(शून्य से शिखर की यात्रा में प्रेमचंद)

पात्र कुल14 (पुरूष11, महिला 03)

1 नवाब/छोटा बालक (आठ-नौ साल का) 2 हलधर (चौदह-पन्द्रह साल का बड़ा बालक) 3 महावीर (चाचाजी) 4 आनंदी देवी (माँ) 5 अजायबराय (पिता) 6 चाची (सौतेली माँ) 7 विजयबहादुर (हमउम्र सौतेला मामा) 8 प्रेमचंद 9 दयानारायण निगम ('ज़माना' पत्रिका के मालिक) 10 जिला कलक्टर हमीरपुर 11 दो ग्रामीण (विभिन्न भूमिका) 12 शिवरानी (पत्नी) 13 पोद्दार ('चरखा संघ' के साथी) 14 आनंदी लाल (जैनेन्द्र)

प्रथम दृश्य

(दिन का समय। मंच पर पूर्ण प्रकाश फैल रहा है। मंच के बायीं ओर से दो बालक प्रवेश करते हैं। दोनों की अवस्था में अंतर दिख रहा है। घबराहट तो दोनों के चेहरों पर है लेकिन छोटा बालक अधिक घबराया सा लगता है।)

बड़ा बालक / हलधर– अरे!अरे डर रहा है! कायस्थ का बच्चा होकर भी डरता है। बताया था ना 'कायस्थ का माथा और मारवाड़ी का खाता, ब्रह्मा भी नहीं पढ़ पाता। चाहे लमही और में हो या बांदा में, यही की हर तरफ की हवा बनारस से आती है। समझे ? बाबा पर भरोसा रख। 'बाबा बड़े दयालु हैं, तभी तो हम चालु हैं। 'हमारे यहाँ तो सभी के सभी गुरु होते हैं, गुरु। चेला एक भी. नांही। समझे? धनपत, ऐसे कमजोर नांहीं न होते हैं। (पीठ थपथपाता है)

धनपत– कमजोर! वो तो हम हैं ही सही। (डर मिली हुई फीकी हँसी) क्या देखने से ही कमजोर नहीं लग रहे आपको? हलधर भैया, पूरे लमही और बांदा तक में हमारे जैसा कोई दुबला–पतला मिल जाए तो मूँछे कटवा लेंगे।

हलधर– (व्यंग्य से) फसल उगी नहीं कि कटवाने की बातें। वाह रे यह आठ नौ साल के मर्द गज़ब हैं। एक बात बता उस दिन खेलते–खेलते उस बालक की हजामत क्यों बना दी थी वो भी बांस की कमानी से और तो और हजामत बनाते–बनाते उसका कान ही उड़ा दिया था, तब कहाँ थी तेरी कमजोरी। बड़ा आया हँसने वाला। अब, अब हँस ना। तेरी माँ की वो झापड़ें याद है कि याद दिला दूँ? पूरी चार। गिनी थी मैंने।

धनपत– (झेंपते हुऐ लम्बी साँस लेता है) हाँ याद है। यह भी याद है कि चार झापड़ों में ही कैसे माँ की साँसे उखड़ गई थी। सब याद है। कहीं किसी दरार में उलझे हुऐ पत्ते की तरह उसका बदन कैसे काँपने लग गया था, याद है मुझे। (शून्य में) भाई साहब, क्या माँ की संग्रहणी कभी ठीक नहीं होगी?

हलधर– अरे वाह हमारा धनपत तो अंग्रेजी डॉक्टर हो गया है। संग्रहणी! कहाँ से सुना ये अज़ीब नाम?

धनपत– मखौल मत कीजिए। मेरे चाचा और आपके पिताजी से मतलब ज़नाब महावीर जी, परसों किसी से मेरी माँ की तबीयत के बारे में बात कर रहे थे तो मैंने सुन लिया था।

हलधर– तो मेरे पिताजी और तेरे चाचाजी के लाड़ले नवाब, जब वे पूछेंगे कि रुपया कहाँ है तब कान काटने में कुशल यह कलाकार उनको क्या जवाब देगा ?

धनपत– लाड़ला तो हूँ पर सगा बेटा नहीं हूँ। मेरे साथ उनका यह बेटा भी था, समझे ? इस मामले को तो अब उनका बेटा ही सँभालेगा।

(तभी नेपथ्य से खट–खट की आवाज आना आरम्भ होती है। दोनों बालक भयभीत होने लगते हैं। वाक्य गूँजता है)
नवाब ओ नवाब, कहाँ हो ? (दोनों पुतले से बन जाते हैं। दायीं ओर से कुर्ता–पायजामा पहने महावीर का प्रवेश होता है। लाठी के सहारे चलते–चलते मंच के बीच में आकर पूछना आरम्भ करते हैं।)

महावीर– अरे वो जो सन बेचा था उसका एक रुपया नहीं मिल रहा। कहीं तुम दोनों ने तो नहीं चुरा लिया ?

हलधर– पिताजी हमने तो नहीं देखा। वहीं होना चाहिए।

धनपत– (स्थिर और सहज भाव से) चाचा साहब उस रुपये को हम ले आए थे।

महावीर– तुम ले आए थे? क्यों ? यह तो बोल रहा था कि... ओह। हलधर तू झूठ बोल रहा है? लाओ मुझे दो।

धनपत– चाचा साहब हमने बारह आने तो मौलवी साहब को दे दिए, बतौर फीस। बाकी बचे उनकी...

हलधर– हम दोनों ने रेवड़ी खा ली। अमरूद भी। दोनों ने बाँट लिये थे।

महावीर– अरे नासपीटे, यह जरुर तेरी ही कारस्तानी रही होगी।

(चाचा ने हलधर के पैरों पर लाठी मार दी। तभी निर्बल एवं बीमार देह वाली अधेड़ औरत का प्रवेश होता है। वह जितना जोर लगाकर बोल सकती है उससे अधिक बोलने में जोर लगाती है।)

आनंदी देवी– अरे भैया, आप–उसी को क्यों मार रहे हो? गड़बड़ तो इस धनपत की रही होगी। क्यों रे? वहाँ क्यों खड़ा है, बुत हो गया क्या? रुक मैं तेरी पसलियों का चूरा किये देती हूँ।
(साँस फूलने लगती है।) गड़बड़ करता है, अहह––कितनी बार तुझसे कहा कि––(गिरने वाली होती है कि धनपत आकर थामने का प्रयास करता है लेकिन धम्म से गिर जाती है। गिरते–गिरते भी धनपत को मारने का प्रयास जारी रखती है। धनपत नीचे बैठ कर माँ का सिर उठा कर गोद में रख लेता है।)

महावीर– आनंदी भौजी, अरे आप गुस्सा नांही हुआ करो। धीरज धरो।

आनंदी– पैसे निकाल लेने का यह क्या तरीका हुआ भाईसाहब ? अंह ?–क्यों रे अब करेगा ? (कमजोर हाथों से मारने का फिर प्रयास करती है।)

धनपत– (उसके हाथ तक अपना गाल पहुँचाते हुए) मार और मार ले। मुझे तेरे हाथ की मार जीवन भर खानी है। अपनी आखिरी साँस तक तेरी मार मुझे अच्छी लगेगी माँ। मार माँ, मैं भी उऋण होना चाहता हूँ। बस तू जल्दी से ठीक हो जा माँ। नहीं तो–मैं भी नहीं बचूँगा।
(चाचा पास में आकर बैठ जाते हैं। धनपत को सीने से लगा लेते है।)

महावीर– नवाब, पगले अभी ये तेरा चाचा ज़िंदा है। घबरा मत। माँ ठीक हो जायगी। कल तेरे पिताजी आ रहे हैं। हम दोनों भाई मिलकर तेरी माँ का बड़े वैद्य से इलाज करवाएँगे। देखना माँ भी ठीक होगी और मेरा नवाब भी एक दिन बहुत बड़ा आदमी बनेगा। रोज जाता है ना मदरसे? शाबाश। मन लगाकर पढ़ना हाँ भौजी सुनो अजायब की चिट्ठी आई थी कल। उसके पोस्टमास्टर का तबादला हो गया। इसीलिए मशगूलियत बढ़ गयी। पहली फुरसत में ही आएगा। नबाव, उठ बेटा। माँ को अंदर ले जा। रो मत चल चुप हो जा। हलधर तू देख।
(हलधर पर लाठी से प्रहार करते हैं लेकिन वह मंच से बाहर चला जाता है। लाठी को सँभाल कर लाठी की ध्वनि के साथ महावीर मंच से जाता हैं। धनपत माँ को सहारा देकर उठाता है।)

धनपत– (सुबकते हुए बाहर की ओर जाते हुए) पता है माँ खेलों में मुझे कौनसा खेल अच्छा लगता है ? 'गुल्ली–डण्डा'। न लॉन की जरूरत, न कोर्ट की, न नेट की, न थापी की। किसी पेड़ से टहनी काट ली, गुल्ली बना ली और दो आदमी आ गए, बस खेल शुरू। अब मैं 'गुल्ली–डंडा' खेलने कभी नहीं जाऊँगा माँ, बस तेरे ही पास बैठा रहूँगा, सदा, हमेशा। (दोनों भी मंच से बाहर चले जाते हैं। पर्दा गिर जाता हैं।)

द्वितीय दृश्य

(मंच पर धनपत का गरीबी झलकाता हुआ घर दिखता है। टूटी कुर्सी के पास फटी हुई चटाई बिछी है जिस पर एक तरफ खिसक कर आनंदी देवी लेटी हैं। कुर्सी पर एल्युमिनियम का लोटा रखा हुआ है। खाकी गणवेश पहने अजायबराय का मंच पर प्रवेश होता है। खाकी रंग की टोपी को माथे पर लगाते हुए आनंदी के पास जाते हैं।)

आनंदी– पूरण–मासी के चाँद––वैसे ही –– आते हो आप तो –– दो–तीन दिन में ही –– जा रहे हो ?

अजायबराय– धनपत की माँ, भाईसाहब और मैं जिस वैद्य से दवाई लाये थे वो दिखने में तो बड़ा गुणी लग रहा था। मुझे तो तुझमें थोड़ा असर भी दिख रहा है। अरे सुन तो, तनिक उठ तो। बात तो कर ले।
(आनंदी का उठने का असफल प्रयास) मुझे पोस्ट–मास्साब ने बुलवा लिया। नए–नए जो आए हैं, काम समझाना होगा, सो मुझे तो जाना ही होगा। बस जल्द ही आता हूँ।

आनंदी– (उठने की कोशिश में कराहती है) धनपत के पिताजी, सुनो तो सही। बच्चा आठ साल का है और मुझ बीमार को अकेले छोड़ कर वापस जा रहे हो? वो मुझे कैसे सम्भालेगा? आप मत जाओ ना––

(खाँसी आती है) बड़की बेटी भी आई और चली गई। (खाँसी) अब नहीं बचूँगी। मेरा धनपत कहाँ है रे ? (आवाज गले में अटक जाती हैं)

अजायबराय– अरे धनपत तो आता ही होगा। मदरसा बंद होने का समय हो तो गया। घबरा मत, तू आराम कर।

आनंदी– नहीं, मेरे पास बैठो। सुनो। मेरे बेटे की लिखाई–पढ़ाई रुकने मत देना। उसका ध्यान रखना। वैसे ही कितना दुबला है। उसके खाने पीने का भी–– (सांसे अटकने लगती हैं। आँसू लुढ़क पड़ते हैं।) मैं अब नहीं बचूँगी।

(अजायबराय पास में रखा लोटा उठा ही रहे थे कि धनपत का प्रवेश हो जाता है।)

धनपत– पिताजी, माँ को क्या हुआ? माँ रो क्यों रही है? पिताजी माँ को बनारस ले चलते हैं। सुना है वहाँ एक बड़ा वैद्य आया है।

आनंदी– मेरे लाल। (सांस की गति बढ़ जाती है) सुनो जी ––धनपत––मेरी बड़की––इनका–––

अजायबराय– बेटा जल्दी भाग कर चाचा साहब को बुला ला।

(धनपत के जाते ही अजायब राय आनंदी की पीठ सहलाने लगते है। एक हाथ से लोटा उठा लेते है। तभी धनपत के पीछे से महावीर का प्रवेश होता है।)

महावीर– आनंदी भौजी कइसन होई ?

आनंदी– (जैसे आवाज मौत के कुएँ से आ रही हो) भाई साहब म्हारे धनपत का ध्यान राखी–––। (अचानक चुप हो जाती है)

अजायबराय– धनपत की माँ सुन––सुन तो––(लोटा आनंदी के अधरों पर लगाते हैं लेकिन पानी मुख के दोनों किनारे से बाहर निकल जाता है। लोटा पकड़े अजायबराय का चेहरा पत्थर हो जाता है। धनपत कभी पिताजी का तो कभी चाचा का चेहरा देखता है। उसके मुख से माँ शब्द एक चीख बनकर निकल पड़ता है। धीरे –धीरे प्रकाश मद्धिम पड़ने लगता है। नेपथ्य से पंक्तियाँ उभरती हैं।)
फूल सदा चिपका कर के रखती जननी सम डालि रहे।

शाख गई जब सूख प्रसून किसे तब बागन मात कहे।
जीवन तो चलता पर ठोकर खाकर स्वप्न हरेक ढहे।
जीवित तो रहता बस माँ बिन बालक पीर अगाध सहे
(पर्दा गिरता है।)

तृतीय दृश्य

(नेपथ्य से पंछियों की कलरव–ध्वनि उभरती है। प्रभात–बेला का प्रकाश फैलता है। झाड़ू की सर्र–सर्र की आवाज उभरती है। किशोर–अवस्था में पहुँच चुका धनपत हाथ में झाड़ू ले कर मंच पर आता है। झाड़ू लगा कर चटाई बिछाता है। फिर झाड़ू लगाता हुआ स्वयं से ही बात करने लग जाता है।)

धनपत– वाह वाह रे धनपत! कमरा तो एकदम चकाचक कर दिया। होगा भी कैसे नहीं, धनपत तो गज़ब ही करता है। धनपत का हाथ जो लगा है।
(आवाज बदल कर दूसरी तरफ मुड़ जाता है) ओ ओ, अपने हाथ पर इतना अभिमान ?

(वापस घूम कर पहले जैसी आवाज में) अभिमान नहीं ऐतबार है। हाँ भई हाँ, एक दिन यही हाथ समाज पर झाड़ू मारेगा। समझे ?

(अजायबराय का प्रवेश। धनपत के सिर पर हाथ फेरते हैं।)

अजायबराय– अरे वाह बेटा जी। सफाई अच्छी हो गई। धनपत, घर में माँ की कमीं बड़ी खल रही है। मेरी भी तबीयत नासाज रहने लग गई है। भला मैं भी कब तक तेरे पास रहूँगा? तुझे भी झाड़ू, पोंछा, खाना और भी ना जाने क्या क्या करना पड़ता है।

धनपत– हम अब तो सारे के सारे काम चुटकी बजा कर ही कर लेते हैं, यूँ यूँ। (चुटकी बजाने का प्रयास करता है)

अजायबराय– अरे बेटा वो तो ठीक है लेकिन तुम्हारी तालीम पर तो बुरा असर हो रहा है।

धनपत– वो तो बिल्कुल नहीं हो रहा। मदरसे में जो भी तल्कीन करवाया जाता है उसे मैं वहीं पक्का कर लेता हूँ। तमाम नज़ीरें याद है मुझे, सुना दूँ ?

अजायबराय– पर हमारी सेवा करने के लिए भी तो कोई होना चाहिए ?

धनपत– यह है ना आपकी औलाद, फौलाद जैसी। (हँसता है) आप तनिक चिंता ना करें।

अजायबराय– तेरा भी तो पतंग उड़ाना, घूमना–फिरना, उछलना–कूदना सभी कुछ बंद सा हो गया है। मै तुम्हें घर में कैद नहीं देख सकता, समझे?

धनपत– (गम्भीर मुद्रा में) समझ गया पिताजी। पक्का समझ गया। दादी ने समझा दिया था कि आपके मन में क्या योजना चल रही है। मैं आपको बता देना चाहता हूँ कि दादी और मैं आपकी उस योजना को पसंद नहीं करते हैं और कभी पसंद कर भी नहीं पाएंगे।

अजायबराय– कौनसा बेटा होगा जो माँ के आँचल का साया नहीं पाना चाहेगा ?

धनपत– पिताजी, कोई भी औरत माँ जैसी हो सकती है लेकिन माँ कभी नहीं हो सकती। मेरी माँ वही थी जिसने मुझे जन्म दिया था। दूसरी कोई भी औरत चाहे जन्नत से ले आओ मेरी माँ कदापि नहीं हो सकती। दादी ने मना कर दिया और मुझे भी कबूल नहीं है।

(मुँह फुलाकर मंच के दूसरी तरफ के हिस्से में चला जाता है।)

अजायबराय– (पास में जाकर लालच देने वाली हँसी के साथ) पता है तुम्हारी नई माँ के साथ तुम्हारे लिए एक दोस्त भी तो आ रहा है। उनका छोटा भाई 'विजयबहादुर'। तुमसे भी तो छोटा है। पूरे दो साल। खूब संग में खेलना। तुम्हारे तो हो जाएंगे पौ बारह।

धनपत– पौ बारह नहीं होंगे, बारह के भाव बिक जाऊँगा। दादी ने बता दिया था कि सौतेलापन मुझे किस गर्त में ले जाएगा। मेरी ज़िंदगी को दोज़ख मत कीजिए पिताजी।

अजायबराय– बेटा जाकर दादी से यह पूछना कि क्या हम तेरे दादा गुरु सहायलाल के जितने धनवान हैं ? मैं नौकर नहीं रख सकता। खुद एक डाक मुंशी हूँ और मैं यह नौकरी नहीं छोड़ सकता। घर व नौकरी दोनों सम्भालना तो दो नावों की सवारी जैसा होता है। अपना घर डूब जाएगा बेटा। नौकरी भी ढंग से नहीं हो पायेगी। तुम ही बताओ यह ठीक रहेगा ?

(अचानक दरवाजे पर दस्तक उभरती है। अजायबराय दौड़कर दरवाजा खोलते हैं। एक नवयुवती

लाल जोड़ा पहनें प्रवेश करती है। हाथ में लोहे का ट्रंक पकड़े अंदर आती है। पीछे–पीछ दस–ग्यारह साल का बालक भी अंदर आता है। अजायबराय उत्साहित होकर कहना जारी रखते हैं।)
इस्तकबाल आपका बहुत–बहुत। अरे मैं भी कितना नासमझ हूँ कोई अपने ही घर में अपनों का ही इस्तकबाल कैसे कर सकता है ? आ जाओ सम्भाल लो अपना घर। अरे धनपत देखो तो सही कौन आया है, तुम्हारी माँ आयीं है। प्रणाम तो करो। लाओ ट्रंक मुझे दे दो।

धनपत– अरे वाह! एक पल में ही एक अनजान औरत आई और माँ हो गई और वो भी बिना पीड़ा सहे, गज़ब। पिताजी आप चाहे जो कहें मैं किसी भी औरत को माँ नहीं कह सकता। यह तो वैसे भी आपसे कितनी छोटी लग रही हैं। मेरी चाची से भी छोटी। मैं इन्हें माँ कहकर माँ अल्फाज़ की तौहीन नहीं कर सकता। मेरी माँ की तुलना किसी से भी नहीं हो सकती। मेरी माँ के जैसी माँ तो भूतोः ना भविष्यतिः। माँ तो––

अजायबराय– बेटा, माँ के पद पर आई हुई औरत भी माँ ही होती है। बड़ों से क्या ऐसे बात करते हैं ?

धनपत– और जब बड़े ही गुनाह कर रहे हों तब? आपको भला इस कदम की क्या जरुरत आ पड़ी थी ?

अजायबराय– अब तो आ ही गई है। इनको माँ का पूरा मान मिलना ही चाहिए।

धनपत– मेरी तरफ से माँ का तो कदापि नहीं।

अजायबराय– अच्छा मेरे कहने मात्र से ही इनको माँ कह दो।

धनपत– किसी की माँ नहीं रहे तो पिता का साया आसमान में बादलों के जैसा होता है लेकिन मेरे लिए तो यह साया खुद ही बिजलियाँ गिरा रहा है।

अजायबराय– बेटा––

धनपत– हाँ, पिताजी। आपका अहसान है कि आपने मुझे पैदा किया। इतने समय तक पाला–पोसा। आपकी भावना की कद्र करना मेरा फर्ज़ है। आप लायें हैं तो मैं इनकी तौहीन नहीं कर सकता लेकिन इस जन्म में चाह कर भी इनको माँ नहीं कह सकता। कदापि नहीं। कदापि नहीं। इन्हें मैं आजन्म चाची ही कहूँगा।

अजायबराय– बात तो सुनो।

धनपत– मुझे मेरी इस हरकत पर माफ कर दीजिए लेकिन मैं मेरी माँ को किसी भी सूरत में नहीं भूल सकता और कभी भी किसी की भी सूरत में मेरी माँ को देख लूँ यह तो हो ही नहीं सकता। समझे पिताजी?
(झाड़ू फेंककर मंच से बाहर चला जाता है। नई माँ अजायबराय के पास जाती है।)

नई माँ– दिखने में तो मकोड़े जैसा है पर इसके अंदर की आग देखो। हे भगवान! पता नहीं कहाँ निकालेगा? किसको जलायेगा? एक बात तो तय मान लीजिए कि यह मुझे कभी पसंद नहीं करेगा।

अजायबराय– जरुर करेगा। अभी जानना – पहचानना बाकी है। पहले ही दिन तुम मन फीका मत करो। किसी प्रकार कि चिंता मत करो। आओ, अंदर के कमरे में चलते हैं। इस घर को तुम्हारी जरूरत है, सम्भाल लो इसको। आने में कोई तकलीफ़ तो नहीं हुई ?

नई माँ– यहाँ आने के बाद जो हुई उसका क्या ?

अजायबराय– अरे तुम भी क्या तवज्जो देती हो, आओ अंदर। विजयबहादुर जाओ नवाब के संग खेलो।

(ट्रंक उठाकर अजायबराय आगे बढ़ते हैं। झाड़ू उठाते हैं। नई माँ भी पीछे– पीछे जाती है। विजयबहादुर भी अज्ञानता मे कंधे उछालता है और मंच से बाहर चला जाता है।)

चतुर्थ दृश्य

(मंच पर बिछी चटाई पर किताबें रखी हुई दिखाई देती हैं। नेपथ्य से नई माँ की आवाज गूँजती है। विजयबहादुर को पुकारती है। दरवाजे पर दस्तक उभरती है। विजयबहादुर मंच पर प्रवेश करता है। दरवाजा खोलता है। धनपत प्रवेश करता है)

विजयबहादुर– नवाब आप ये टूटी डोरी और फटी पतंग लेकर कहाँ से आ रहे हो? (नवाब चुप) आप दिन भर घर से बाहर खेलते हैं मुझे साथ क्यों नहीं ले चलते ? (नवाब शांत होकर सुनता है) इतने बड़े हो गए लेकिन अभी तक पतंग उड़ाना क्यों अच्छा लगता है ?

धनपत– यदि मैं पतंग खरीद नहीं सकता तो उड़ाने का शौक भी छोड़ दूँ ? 'मिशन हाई स्कूल' में मेरे जैसा कोई एक पतंगबाज दिख जाए तो बता देना। बड़ा होने से शौक क्यों बदले? मेरा पढ़ने का सिलसिला भी जारी रहेगा और मेरी पतंग भी उड़ती रहेगी। देखना एक दिन मेरी पतंग आसमान के पार तक लहरायेगी।

विजयबहादुर– समझ में नहीं आई पर बात अच्छी लगी। पता है मुझे भी पतंग अच्छी लगती है। उस जीमनपुर से तो मुझे यहाँ गोरखपुर में अच्छा लगा।

धनपत– ओ! श्रीमान 'अच्छा बहादुर', मुझे आपकी बक–बक अच्छी नहीं लगी।

विजयबहादुर– मुझे गोरखपुर का बाले मियां का मैदान अच्छा लगता है। मुझसे नाराज क्यों रहते हो? मुझे आपका साथ भी अच्छा लगता है।

धनपत– हे भगवान! फिर से 'अच्छा'! तेरा ये 'अच्छा का लच्छा' मुझे मत बाँध।

विजयबहादुर– (बाल सुलभ हँसी) अच्छा सुनिए। पीछे से यह कैसी आवाजें आ रही है ? (हाथ पर कान लगाकर सुनने का प्रयास करता है। धनपत भी सुनने का प्रयास करता है। नेपथ्य से अजायबराय की आवाज उभरती है।)

पहली आवाज– डाकखाने से आते समय कितनी सारी खाने की चीजें लाता हूँ। उन सब को हम बड़े ही खा जाएंगे तो बच्चों को क्या मिलेगा ? उनको ना देकर तुम अकेली खा जाती हो।
(जवाब में नई माँ की आवाज उभरती है।)

नई माँ की आवाज– मेरे तो भाग ही फूटे थे जो इस घर में आ गई। अरे जो भी चीजें लाई जाती है मैं खुद ही नहीं खाती हूँ। क्या आपकी थाली में नहीं रखती हूँ ? बोलो?

अजायबराय की आवाज– मैंने कभी भी तुमसे खाने के लिए मना नहीं किया। खाने की चीजों की तनिक मात्रा नवाब को भी, मेरा मतलब दोनों बच्चों को भी दे दिया करो।

दूसरी अवाज– आपकी नजर में तो मेरी कीमत ही नहीं। आप तो ऐसे ब्योहार करते हैं जैसे हम कोई खरीदी वस्तु हैं।
(रोती है)

पहली आवाज– ठीक है मेरी अम्मा। मैं हारा तू जीती। मै ही यहाँ से चला जाता हूँ, तब तो शांति आएगी।
(अजायबराय की पदचाप आती हुई समझ कर धनपत और विजयबहादुर सहज होने का अभिनय करते हैं। दरवाजे की विपरीत दिशा से अजायबराय का प्रवेश होता है। दोनों को देखकर अजायबराय एक पल तो ठिठक जाते हैं लेकिन बोलते हुए बाहर चले जाते हैं।)

अजायबराय– तुम दोनों खड़े–खड़े यहाँ क्या कर रहे हो? चलो अंदर। हाथ–मुँह धोकर कुछ खा लो।

(दरवाजा बंद होने की आवाज आती है)

विजयबहादुर– अंदर चलें। आपके पिताजी कुछ खाने का लाए हैं। चलिए खाते हैं।
(नेपथ्य से नई माँ की आवाज उभरती है।) विजय, ओ विजय बहादुर, अंदर आ।

विजयबहादुर– नवाब अंदर आइए। आप आएंगे तो अच्छा रहेगा।

धनपत– फिर अच्छा? अगर फिर से अच्छा बोला तो अच्छा नहीं होगा अरे––जा यहाँ से, मैं नहीं आ रहा।
(धनपत विजयबहादुर के जाने के बाद चटाई पर बैठ जाता है। कॉपी पेन उठाकर कुछ लिखना प्रारम्भ करता है लेकिन लिखे हुए पर नापसंदगी प्रकट करता हुआ लिखा कागज़ फाड़ देता है। इस प्रकार चार–पाँच कागज़ फाड़कर मंच पर फैला देता है। धीरे धीरे मंच पर प्रकाश मद्धिम पड़ जाता है। कुछ पल में ही दरवाजे पर दस्तक उभरती है। हाथ में हुक्का पकड़े हुए अजायबराय आते हैं। फैले हुऐ कागज़ों में से एक उठा कर देखते हैं।)

अजायबराय– नवाब ये कागज़ क्यों ? कुछ लिख रहे हो क्या ?

धनपत– हाँ। जो दिख रहा है नवाब वही लिख रहा है। (अजायबराय बिना समझने की कोशिश किए मंच के दूसरी तरफ से बाहर चले जाते है। नेपथ्य से चाची की आवाज गूँजती है।)

नई माँ की आवाज– मैं लाये हुए पैसों को जोड़–जोड़कर इकठ्ठा करती हूँ तो इसी घर के लिए ही तो जोड़ती हूँ।

अजायबराय की आवाज– हाँ तो अब क्या हो गया ?

दूसरी आवाज– बाहर से आए तो कमरे में देखा नहीं? आपने तो आँखें मुंदिया ली है। आइए दिखाती हूँ।
(दोनों मंच पर लौट कर आते हैं। नवाब लिखता हुआ रुककर खड़ा हो जाता है।)

अजायबराय– अब क्या हो गया? बताओ क्या दिखा रही हो ?

चाची– एक–एक पैसा खून–पसीने की कमाई का ही आता है। आप पेट पर पट्टी बाँधकर नवाब को पढ़ा रहे हैं और इस नवाब के ये लक्षण देखिए। ये देखो कॉपी के पन्ने फाड़–फाड़कर हवा में नावें तैरा रहा है। अब बोलिए मैं मुँह में मूली ठूँस लूँ या दही जमा लूँ ? देख कर भी अनदेखा कर दूँ या आँखों में सलाइयाँ घुसा लूँ ?

अजायबराय– तुम दोनों के बीच में, मैं तो घुन हुआ जा रहा हूँ। इसको भी कितनी दफा समझा दिया मैनें, पर यह भी समझे तब ना। तुम ही बोलो क्या इसकी जान ले लूँ ? नहीं–नहीं, आज तुम ही बता दो इलाज क्या है इसका ?

चाची– इलाज तो है। पर आप करेंगे तब।

अजायबराय– तो बताती क्यों नहीं ? बताने का भी मुहूर्त निकलवा दूँ ?

चाची– इलाज बस एक ही है। इसकी शादी करवा देते हैं।

अजायबराय– शादी! इतनी जल्द? यह बेटी नहीं है जो घर छोड़कर जाएगी।

चाची– वाह जी वाह। आपको अब भी जल्द लग रही है ? हमारे यहाँ तो इस उम्र में टाबर हो जाते हैं, टाबर। आप तो शादी की बात से ही चौकन्नें हो गए। जैसे शादी नहीं करनी हो चीलगाड़ी खरीदनी हो। उहं।

अजायबराय– वो बात नहीं है। कोई सुंदर सी प्यारी बच्ची मिले तो। तभी तो शादी ठीक करने की सोचें।

चाची– यह तो वही बात हो गई 'हाथन थामे है छोरा और बाहर ढिंढोरा।'

अजायबराय– ऐसा है बातों की जलेबियाँ मुझे कभी लज़ीज नहीं लगी। साफ–साफ बता रही हो कि सोने जाऊँ?

चाची– सुनिए। हमारा गाँव मतलब रामापुर, मेहदावल तहसील और जिला बस्ती। हमारा गाँव आसपास के गाँवों में बड़ा ही परसिध गाँव है। सबसे बड़ी बात, मेरे पिताजी आसपास के गाँवों में भी धाक रखते हैं। लालाजी के नाम से बड़े ही, बड़े ही परसिध है। उनकी वाह–वाही चहूँ ओर है। समझे ?

अजायबराय– (सिर पीटते हुए) कहना क्या चाहती हो तुम ?

चाची– लाला जी का ख़त था। उनके जानकारों में एक कायस्थ–कन्या है। वो बता रहे हैं तो अच्छी होना सौ आना पक्का है। हम भी इसके लिए वही वाली कन्या सोच रहीं थी।

अजायबराय– ठीक है लेकिन सुन लो। लड़की मेरे चाँद से एक आना भी कम हुई तो मैं हरगिज़ सहन नहीं करुंगा। तुम समझी ?
(अजायबराय झटके से वापिस चले जाते है। पीछे–पीछे चाची भी चली जाती है। धनपत शादी के मधुर स्वप्न में खोता हुआ गुनगुनाता हुआ लेट जाता है।)

पंचम्–दृश्य

(मंच पर जब प्रकाश फैलता है तो धनपत का सजा हुआ घर दिखता है। शुभ–विवाह की पर्चियाँ चिपकी हुई दिख रही हैं। चमकदार पन्नी की बेलें लहरा रही है। गुस्से में अजायबराय का प्रवेश होता है।)

अजायबराय– कहाँ है तू ? सुनती है क्या? ओ नवाब की चाची ?
इधर आ। (नई साड़ी पहने चाची का प्रवेश होता है।)

चाची– क्यों आसमान को उठाये घूम रहे हो ? नई दूल्हन घर में है। धीरे बोलिए। आखिर घटा क्या ?

अजायबराय– मेरा खून खौल रहा है और तुम हिदायतें दे रही हो।

चाची– काहे खून खौल रहा है ?

अजायबराय– तुमने मेरे बेटे का रिश्ता किस से जोड़ दिया है ? बाहर औरतें कह रही थी कि

डाक–मुंशी ने जरुर पैसे ले लिये होंगे।

चाची– किसके पैसे ? क्या कह रहे हो ?

अजायबराय– कन्या के। नहीं तो ऐसी बदसूरत वधू लाते ? (तभी धनपत का प्रवेश हो जाता है। सिर पर रखा साफा उतार लेता है।)

धनपत– क्या बेहया स्त्री है! आपने मेरा नाता किससे जोड़ दिया पिताजी ?

चाची– अब तू भी कहाँ से मिर्ची खा कर आया है ?

धनपत– पिताजी मैं तो ऊँटगाड़ी से उतरा भी नहीं था कि उसने तो सभी के सामने मेरा हाथ पकड़ लिया। वहीं से हाथ पकड़े जो चली तो घर के बाहर तक नहीं छोड़ा। पीछे से सारे के सारे ही लोग जोर–जोर से हँस रहे थे।

अजायबराय– हाँ देखा था मैनें। (चाची की तरफ मुड़ कर) इन सबके अलावा एक बात ओर सुनो, लड़की उम्र में भी धनपत से ज्यादा है। सुनो यह शादी तुम्हारे पिता ने ठीक नहीं करवाई। लालाजी ने मेरे लड़के को कुए में धकेल दिया। घोर अफसोस। एतबार का ऐसा हश्र!
(निर्णय करने की सोच की मुद्रा के साथ) मैं तो इस शादी को सिरे से नकारता हूँ। मेरे लड़के की शादी दुबारा करुंगा।

चाची– गुड्डे–गुड्डियों का खेल है क्या ?

धनपत– मैं तो शादी को लेकर कितना खुश था। यहाँ तक कि मण्डप छाने के लिए खुद ने ही बाँस काटा था, कितनी मेहनत से, कितनी सारी तैयारियाँ की थी।

चाची– तू चुप कर, यह आया बड़ा तैयारी वाला। आप सुनें जी। बच्चों जैसी बातें न करें। आप समझ रहें कि यहाँ कोई खेल–ठठ्ठा चल रहा है? शादी तो हुई गई।

अजायबराय– हाँ यही तो मैं कह रहा हूँ कि ज़िंदगी भी हँसी–ठट्ठा नहीं है। मनचाहा, मनभाया और मनसफ़र करने वाला हमसफ़र नहीं हो तो ज़िंदगी भी नहीं कट सकती। समझी? वो साथ में आया रामापुर का बाशिंदा, वो भी कह रहा था कि कन्या बदसूरत होने के साथ–साथ बदमिजाज भी है और

जुबान में तो हमेशा ही निम्बोली से भी अधिक कड़वापन होता है।

(रुककर) सोच लिया मैंनें, यह शादी नहीं चलेगी। मेरे धनपत की शादी तो दुबारा ही होगी।

चाची– कल मैं जमनियाँ जा रही हूँ। दूल्हन को ले जाऊँगी वापस। ठीक है ना, तब तो पड़ेगी आपके कलेजे में ठण्डक ? नवाब तुझे क्या कहना है ? बोल। भोंदू बन कर क्यों खड़ा है ?

धनपत– हाँ, भोंदू ही तो हूँ। भला भोंदू क्या बोलेगा?

अजायबराय– वो क्या बोलेगा ? सारी की सारी गलती लालाजी की है। उन्होने तो अपनी बेटी के साथ–साथ विजयबहादुर को भी चलता कर दिया। एक छोटा सा जीव भी नहीं पाला गया। इतना बेगैरत होना ठीक है क्या ?

चाची– खबरदार, मेरे पिता के बारे में एक भी शब्द बोला तो मान ही लेना फिर मौत से साक्षात्कार हो गया। लालाजी की एड़ी तक की होड़ तुम्हारी सात पीढ़ियाँ नहीं कर सकेंगी।
रही बात मेरी तो कान खोल के सुन लो, तुम्हारे इस आलीशान महल में आप महाराजाधिराज की बाँदी या गोली बनकर नहीं आई हूँ। मैं भागी नहीं थी या फिर तुम्हारे घर में धँसी–घुसी नहीं हूँ,समझे? खड़ी आई थी आड़ी ही निकलूँगी। बहू तो अब तुम्हारे नसीब में है ही नहीं। सुन लो अब आज के बाद बहू का चेहरा भी नहीं देख पाओगे। तुम्हारी यह औलाद कुआँरी नहीं रही तो मेरी जुबान काट लेना। उहं, नखरे तो देखो इनके। नवाब नाम होने से कोई नवाब नहीं होता। दुबारा शादी करवायेंगे, आए बड़े लाट साहब। तुम्हारा ही राज चल रहा है क्या ? घर में नहीं हैं दानें और बापू गया बहू लाने।
(गुस्से में भिनभिनाती हुई मंच से चली जाती है। अजायबराय भी चले जाते है। धनपत साफे को रखकर चटाई बिछाकर उस पर बैठ जाता है। गहरे विचारों से घिर जाता है। विजयबहादुर का प्रवेश होता है।)

विजयबहादुर– (धनपत के कंधे पर हाथ रखता है। धनपत ज्यों तंद्रा से निकला हो।) लोग कितनी बातें कर रहे हैं जैसे शादी नहीं कोई मजाक घट गया हो। यह तो एक बड़ी चिरांद हो गई।

धनपत– (खड़े होकर) मेरी नजर में चिरांद यह शादी नहीं है बल्कि मुझे तो सारा टंटा अपनों का ही लगता है।

विजयबहादुर– दुल्हन पा कर बहक गए हो क्या ?

धनपत – तुम्हें याद है जब पिताजी का तबादला जमनिया में हुआ था तब वहाँ का वो हरकारा? याद नहीं आया? अरे जिसको पिताजी ने निकाल दिया था। आज बहुत याद आ रहा है। मुझे याद है जब पिताजी ने उसे निकाला था तो मैं रात भर नहीं सो पाया था। आज समझ में आया कि कोई पराया होकर भी कितना अपना हो जाता है और कुछ अपने होकर भी कितने–––। पता है वह मुझे कंधे पर लेकर दौड़ता था। मैं हर पल उसके आने की राह तका करता था। वह मेरे लिए ईख, अमरूद, गाजर लाया करता। उस पराये का कितना अपना सा प्यार था मुझ पर। किसी का भला करने के लिए यह शर्त नहीं होती कि आदमी घर–परिवार में ही रहे। कभी–कभी घर–परिवार में रहने वाले भी भला नहीं करते।

विजयबहादुर – छोड़िए। आप तो यह बताइए कि अब आगे क्या ?

धनपत– ठान ली। परायण के लिए अब पलायन ही करना होगा।

विजयबहादुर – इसका क्या मतलब हुआ भला ?

धनपत– अब यहाँ मन नहीं लगना। यहाँ से निकलना ही होगा।
धार लिया अब केवल पढ़ाई ही करेंगे। कुछ और करने से काम नहीं चलेगा। यही दौलत कमा सकता हूँ बस। सुनो, साथ चलना है ?

विजयबहादुर– मुझे आपका साथ अच्छा लगता है। जरुर चलूँगा लेकिन किराये का इंतजाम कैसे होगा? पिताजी के अलावा किसी और से तो माँगेंगे नहीं।

धनपत – मुझे किसी के सामने हाथ फैलाने की जरुरत नहीं पड़ेगी लेकिन किराये की तो जरुरत पड़ेगी ही। तो फिर–– तो फिर तो ––हम्म ––चलो ऐसा ही कर लेते हैं।

विजयबहादुर – क्या कर लेते हैं ?

धनपत – छोड़िए। आप तो स्टेशन चलिए। मैं इंतजाम करके आता हूँ।

विजयबहादुर – इंतजाम कैसे करोगे? मुझसे छिपाना अच्छा नहीं होगा। बताओ।

धनपत– वो मेरा गरम–कोट याद है ?

विजयबहादुर – अच्छे तरीके से याद है। बहुत तकलीफों से बनाया था। जिसको सम्भाल रखने के लिए आपने कई बार सर्दियों के थपेड़े खाये थे। मुझे वो–गरम कोट अच्छा लगता है।

धनपत– उसके दो रुपये से कम नहीं मिलेंगे। दो रुपये से हम चूनारगढ़ तो पहुँच ही जाएंगे। फिर देखते हैं अपनी किस्मत किस करवट जाती है।

विजयबहादुर– गरम–कोट बेच देंगे ?

धनपत – चिंता नहीं। कोट हमें आगे बढ़ने में सहायता देने के लिए तैयार खड़ा है। (दोनों मुस्कुराने लगते हैं।)

विजयबहादुर – चूनारगढ़ से आगे ?

धनपत– इलाहाबाद।

विजयबहादुर – वहाँ खर्चा–पानी का पैसा कहाँ से आएगा? यहाँ से तो मिलना मुमकिन नहीं। क्या करेंगे ?

धनपत– मेरे साथ चल रहे हो तो मुझ पर भरोसा रखो। स्टेशन पहुँचो। मैं गरम–कोट को बेच कर जेब गरम करके आता हूँ।
(दोनों मंच से बाहर चले जाते हैं। नेपथ्य से रेलगाड़ी की दूर जाने की आवाज़ आती है। मंच अँधेरे से घिर जाता है।)

षष्ठम् दृश्य

(पंछियों के घर लौटने का कलरव उभरता है। एक छोटा सा कमरा दिखाई देता है। विजयबहादुर अपनी मूँछों पर ताव देता हुआ प्रवेश करता है। कलाई पर बँधी घड़ी देख कर मंच पर चक्कर काटने लगता है। मंच पर नवाब का प्रवेश होता है।)

विजयबहादुर– आइए नवाब साहब पधारिए। हमें इलाहाबाद आए हुए दो साल हो गए हैं लेकिन हर रात लेट आने की आपकी आदत में दिन–दूनी, रात–चौगुनी बढ़ोतरी हो रही है।

नवाब– मामा

विजयबहादुर– हम विजय से मामा कब हो गए ?

नवाब– तुम्हारा पद है भाई और पद को तो मान मिलना ही चाहिए।

विजयबहादुर – क्या, क्या क्या ?

नवाब– अपनी बेचैनियों को सम्भाल लो मामा।

विजयबहादुर – ब– बेचैनियाँ ? चलो मेरी बेचैनियाँ तो नजरअंदाज कर लेते हैं लेकिन इस कमरे का मालिक मुझसे ज्यादा बेचैन है। अच्छी बात यह है कि वो आपकी तरह लेट–लतीफ भी नहीं है। किराये का तकाजा करने के लिए समय पर आ जाता है। आज भी आया था। क्या बोलता ? बोलो ?

नवाब– बोलना क्या था, हमारा नाम लिया होता। आते ही दे देंगे। आप भी थोड़ा सब्र खाते रहा करो।

विजयबहादुर– भरपेट तो खाने के लिये मिलता नहीं और बोलते हैं, सब्र ही खालो। यह बड़ा अच्छा है।

नवाब– बड़ा अच्छा तो मेरा मामा है। वैसे कंस भी तो मामा ही था और वो शकुनि भी तो मामा ही था ना? अरे नहीं मेरा मामा तो –––

विजयबहादुर – चिरौरी नहीं। हाँ। वैसे मामा तो ?

नवाब– मेरा मामा तो चंदा मामा से भी दस कदम आगे है।

विजयबहादुर– मक्खन रोटियों पर तो लगाने के लिए है नहीं,मुझ पर क्यों लपेट रहे हो ? बोलो ? चलो छोड़ो, पहले यह बताओ कि नवाब साहब कहाँ से आ रहे हैं ?

नवाब– ट्यूशन से सीधा नाक की सीध में मतलब कमरे पर ही आ रहा हूँ। सुबह उठकर रोज तो खाना बना कर जा रहा हूँ, फिर क्या रोटियाँ खत्म हो गई ? चलिए खत्म हो गई तो फिर बना लेते हैं।

विजयबहादुर – नमक–मिर्च और रोटी से पेट कब तक भरेगा? वैसे भी पीपा खाली है। आटा लाए ?

नवाब – देखो आज मैं हिसाब बताता हूँ। किताबों की दुकान वाला दस रुपये देता है। हाँ कम तो है लेकिन मुझे वहाँ पर एक फायदा और हो रहा है। नयीं–नयीं पुस्तकें पढ़ने का मौका मिल जाता है। उन दस रुपयों में से सात रुपये चाची के पास भेजता हूँ। हाँ, पाँच रुपये ट्यूशन से जो मिलते हैं उनको मिलाकर आठ रुपये अपने हिस्से में होते हैं। कम तो हैं नहीं। वैसे जरूरतें और भूख मन से भी चालित होती हैं।

विजयबहादुर– मन से नहीं धन से चलती हैं। दो साल से तो उधार खाता ही चालित है। चलो छोड़ो, इस थैले में क्या रख कर ले आए ?

नवाब– इसमें है मेरा लिखा हुआ छोटा–सा लेकिन पहला उपन्यास जो मैंने यहीं बैठ के तो पूरा किया था। पता है 'इण्डियन–प्रेस' ने छापा है।

विजयबहादुर– अरे वाह बड़ा अच्छा लगा। नाम क्या रखा ?

नवाब– 'कृष्णा'।
(अचानक पर्दे के पीछे से शोर–शराबा उभरता है। विजयबहादुर पता करने के भाव के साथ मंच के पीछे चला जाता है।
नवाब एक लम्बी श्वाँस ले कर थैला नीचे रख देता है। बैठ कर उपन्यास को निहारता है। तभी विजयबहादुर आता है।

विजयबहादुर– हम लोग भी कैसी जगह रहते हैं ? रोज–रोज एक ही नाटक। मैं तो सोच रहा हूँ कि यहाँ रह कर क्या घुहिया छिल रहा हूँ ?

नवाब– (हँसता है) ऐसा क्या हो गया?

विजयबहादुर– वही दुष्ट पड़ोसी और बिचारी मासूम बच्ची। उसके पैर टिकते नहीं और आस–पास के लोग बाज़ आते नहीं।

नवाब– (सीधे बैठकर) मतलब ?

विजयबहादुर– आप घर टिकें तो पता रहे।

नवाब– आप फरमा देंगे तो अंग्रेज आप पर टेक्स लगा देंगे ?

विजयबहादुर– सुनो। अपने पास वालों की फूल–सी बच्ची अभी नौ साल की हुई नहीं कि विधवा हो गई। उसको तो समझ ही नहीं आ रहा कि कुछ अनहोनी जैसा भी हुआ है। वो तो मस्त कबीर की तरह घूमती रहती है। यहाँ–वहाँ तितली बनी रहती है। परिवार ने उसको सफेद साड़ी का कफ़न ओढ़ा दिया और हिदायत दी कि घर के बाहर निकलना नहीं है।

नवाब– ऐसा करने की वज़ह?

विजयबहादुर – पढ़े–लिखे पड़ोसी। उसकी एक झलक नहीं देखना चाहते। सुबह–सुबह तो हर रोज ही झगड़े हो रहे हैं।
कोई भी उठते ही उसका चेहरा देख ले तो पतीले पर गर्म बूंद की तरह उबलता है। फिर सभी मिलकर उस बच्ची के घर के सामने उफ़न पड़ते है।

नवाब– (गम्भीर आवाज में) एक तो नन्ही बच्ची की इतनी जल्द शादी कर देना, फिर यदि पति की किन्हीं कारणों से मृत्यु हो जाए तो दोष भी उसी के सिर पर मँढ़ देना, फिर सफेद साड़ी से उस दोष का महिमा–मण्डन करना किसी आडम्बर के पुजारी की दृष्टि से सही हो सकता है लेकिन मेरे जैसा मानवता को चाहने वाला तो इसे यातना ही कहेगा। आश्चर्य की बात यह है कि समाज इसे आँखें खोले बिना मानता चला आ रहा है। इसके पीछे भी कोई रहस्य ही होगा पर होगा तो कोई निहायती घटिया और डरावना रहस्य। ऐसा रहस्य तो मैनें उस तिलिस्मी –ग्रंथ, क्या नाम था उसका, हाँ याद आ गया, 'तिलिस्मी–होशरूबा' में भी नहीं पढ़ा।

विजयबहादुर– सच में बड़ी खौफ़नाक हालत है।

नवाब– (भाव बदलकर) ईश्वरचन्द्र–विद्यासागर का नाम सुना है ?

विजयबहादुर – कौन हैं ये महानुभाव?

नवाब– (माथा पीटकर) अखबार, मैं आपके लिए भी मँगवाता हूँ। पढ़ लिया करो हज़रत।

विजयबहादुर – पहेली मत बुझाइए। आप ही बता देंगे तो अंग्रेज आप पर टेक्स लगा देंगे हज़रत? (एक दूसरे को देखकर मुस्कुरा देते हैं।)

नवाब– ईश्वरचंद्र जी ऐसी शख्सियत हैं जिन्होंने पूरे हिंन्दुस्तान में एक अलख जगा दी है।

विजयबहादुर– कैसी अलख ?

नवाब – इन्होंने विधवा–विवाह की रूढ़ि को खत्म करने की सौगंध ली है। एक क्रांति ला दी है। पता है कई नौजवानों ने इनसे मुतासिर होकर बेवाओं से शादियाँ कर ली हैं।

विजयबहादुर– हाँ सुना है पर मैंने तो यह भी सुना है कि समस्या यह आती है कि बेवाएं फिर से शादी के लिये रजामंद नहीं होती।

नवाब– रूढ़ियों के नागपाश में फँसा समाज आसानी से आज़ाद नहीं हो सकता। बेवा इसी डर से तो घबराई रहती है। समाज, इनके साथ प्यार से पेश आना तो छोड़िए, उसका चेहरा तलक नहीं देखना चाहता है। बेवा तिरस्कार–सूचक नहीं है बल्कि तज़ीमी अल्फाज़ है। उसे प्रेम भी मिलना चाहिए और भक्ति भी।

विजयबहादुर– आप तो बड़े हिमायती हैं जी। क्या कर रहे है बेवाओं की खुद–पसंदी के लिए ? कैसे लोहा लेंगे समाज से ? कैसे आगे बढ़ाएंगे इस क्रांति को ? हे! जज साहब, इनके लिए क्या न्याय करेंगे ?

नवाब– यह मखौल का मुद्दा नहीं है।

विजयबहादुर– हम भी नहीं मान रहे हैं साहब। देखो हमारे चेहरे पर मुस्कान है ? नहीं है ना ? हम तो पूछ रहे थे कि विधवाओं को मजबूत करने के लिए आप के क्या विचार है ?

नवाब– कहना क्या चाह रहे हैं आप ?

विजयबहादुर – कुछ नहीं। आपका तो पता है कि आप क्या करेंगे। केवल कलम उठाकर लिख देंगे और छोड़ देंगे पढ़ने वालों पर। यही अच्छा है ना ?

नवाब– ऐसा नही है।

विजयबहादुर– कथनी से करनी अलग–थलग हो तो जुबानें तुतला जाती हैं, खोखली हो जाती हैं।

नवाब– ना तो हमारी कलम खोखली है और ना ही हमारी जुबान तोतली है। (कुछ पल सोचकर) चलिए वो अखबार दीजिए।

विजयबहादुर – लीजिए। इसमें लेख भेजेंगे ?

नवाब– (अखबार खोलते हुए) आइए मेट्रोमोनियल देखते हैं। आज सुबह इश्तिहार देखकर गया था। इसमें है एक बेवा का फिर से शादी करने का इश्तिहार। लाइए कागज–कलम लाइए।

विजयबहादुर– क्या मतलब ? पत्र लिखोगे ? खुद की शादी के लिए ?

नवाब– हाँ। कथनी–करनी में भेद कैसे मिटाते हैं, आज ही मैं जगत को बता दूँगा।

विजयबहादुर – (पास जाकर अखबार में देखते हुए) बारह सालाना बेवा कन्या के लिए वर की जरूरत है। इच्छुक आदमी इस पते पर लिखें – 'मुंशी देवीप्रसाद, जिला फतेहपुर, मौजा सलीमपुर, डाकखाना कनवार'। आप पगला गए हैं क्या ?

नवाब– हाँ। मैं अभी इनको पत्र लिख रहा हूँ। (कागज़ पेन लेकर लिखना प्रारम्भ करता है।) मैं आपकी कन्या से शादी करना चाहता हूँ। – धनपत राय, ग्राम लमही। लीजिए इश्तिहार के इस पते पर डाल आइए।

(अखबार को नीचे रखकर नवाब कुछ लिखने लग जाता है। विजयबहादुर हिचकिचाहट में कागज़ लेकर चला जाता है। नवाब स्वयं से बात करने लगता है।)
यह 'कृष्णा' उपन्यास तो लोगों की नजर में आया ही नहीं। पता नहीं कहाँ गलती रही ? लिखने में कुछ तो कमीं रही होगी। कमीं को दुरुस्त कैसे करूँ ? (विजयबहादुर का फिर से प्रवेश होता है।)

विजयबहादुर – आपका खत डाल तो आया लेकिन नवाब साहब आप होश में तो हैं ना ? किताबों की दुनिया हकीकत से जुदा होती है। जब आपकी चाची को पता लगेगा तो बवण्डर नहीं होगा क्या ? (तभी दरवाजे पर दस्तक होती है। बोलते हुए ही दरवाजा खोलने जाता है।) आप समझते हैं चाची

आरती उतारेगी, दुनिया पूजा करेगी आपकी ?
(एक सज्जन आदमी का प्रवेश होता है। पत्रकारों सी पोशाक पहने हुए सीधे नवाब के पास आते हैं। विजयबहादुर मंच से भुनभुनाता हुआ चला जाता है।)

नवाब– (खड़े होकर अदब के साथ नमन करते हुए) मामा जल ला पाओगे क्या ? ज़नाब दयानारायण निगम जी, 'जमाना' अखबार के मालिक आए हैं, आइए। आपके बेटे जैसा यह नवाब इस दस बाइ आठ के महल में आपका इस्तक़बाल करता है।

निगम– धन्यवाद। रहने के लिए ईश्वर ने महल, मकान, कमरे नहीं बनाए थे अपितु निवास के लिए तो उस परम–सत्ता ने हृदय बनाया था। तुम तो वैसे भी विशाल हृदय–उपवन रखते हो जिसमें अनन्त प्रेम–प्रसून खिले हुए हैं। तुम्हारी अगाध आत्मीयता मुझे अत्यन्त आकर्षित करती है। अपनापन हो तो व्यक्ति खिंचा चला आता है।
नवाब– अभी ज़हन में आपकी ही याद थी। आइए जमीं पर बैठ कर जमींदार हो जाते हैं। कैसे मिज़ाज हैं आपके ?

निगम– सम्पूर्ण–स्वस्थ। तुम्हारे इस 'कृष्णा' ने तो बिल्कुल भी प्रभावित नहीं किया। इस उपन्यास को किंचित उलझा दिया है लेकिन वो 'हमखुर्मा व हमसवाब' उपन्यास चल निकला है। इसे तुमने विधवा–पुनर्विवाह पर केंद्रित करके चामत्कारिक कदम उठाया है। इसके सभी बारह अध्याय भविष्य–दर्शन करवा रहे हैं। लोग पूछ रहे हैं क्या आने वाले समय में ऐसा सम्भव हो पाएगा ?

नवाब– ऐसा मुमकिन होगा। तब्दीलियाँ वक्त की मजबूरी होती हैं। आने वाले इस उपन्यास में हिंदुस्तान के मुस्तक़बिल की भनक साफ है।

निगम– समय की विवशता तो है किंतु इस परिवर्तन को सम्भव कौन करेगा ?

नवाब– हम कलमकार। पैगम्बर भी परम्पराओं को तोड़कर ही तो बना जा सकता है।

निगम– इस विषय में तुम्हारी क्या तैयारी है ?

नवाब– तैयारी पूरी है। मैं तो सोच को पक्का कर चुका हूँ। वक्त के साँचे में हयात क्या रूप लेगी, मन में तय कर चुका हूँ। जीवन को चलाने के लिए ड्राइवर मैं खुद हूँ तो बिगाड़ने और सुधारने का जिम्मा भी मेरा ही होगा।

निगम– नवाब तुम्हारा आत्मविश्वास प्रणम्य है।

नवाब– बालक को शर्मिन्दा नहीं करें ज़नाब। सुनिए, आप कितनी सुंदर हिंदी बोल लेते हैं। आपका 'जमाना' तो उर्दू में चलता है लेकिन आप हिन्दी ज़ुबां को बोलते हैं तो कितना फ़ायदा बख़्श लगता है। आपको देखकर कभी–कभी लगता है कि मैं हिंदी में क्यों नहीं लिखता पर आप जैसी हिंदी कहाँ से लाऊँगा ?

निगम– मुझे पूर्ण विश्वास है कि यथाशीघ्र तुम्हारा लेखन हिंदी में भी प्रारम्भ होगा। अच्छा चलता हूँ। (नवाब इनके पीछे–पीछे दरवाजे तक जाता है। निगम फिर पलट जाते हैं और कहना शुरु करते हैं।)

निगम– तुम्हें स्मृति है नवाब कि तुम कितने खुश हुए थे जब तुम्हारी पहली कहानी 'दुनिया का सबसे अनमोल रत्न' अपने 'जमाना' में छपी थी। उसी प्रारूप की कहानियाँ निरन्तर भविष्य में भी लिखते रहो।

नवाब– जी, मैं कोशिश करूँगा।

निगम– थोड़ा सा फारसी का प्रभाव भी कम करो। हाँ एक बात और, तुमने राजस्थानी कहानियों का जो अनुवाद ' रूठी–राणी' नाम से किया था, वो भी प्रशंसनीय है। तुम्हारा राष्ट्र–प्रेम एक दिन अवश्य ही रंग लाएगा किंतु कब लाएगा यह देखने वाली बात है। चलो अब पक्का चलता हूँ।

(एक छोटे से अट्टहास के साथ मंच से निकल जाते हैं। नवाब जब वापिस मुड़े तो विजयबहादुर पानी का भरा लोटा हाथ में लिए खड़े थे।)

नवाब–(नई–नई मूँछों वाले अधरों पर स्मित हास के साथ) पीने वाले तो गए, अब किसे पिलाओगे ?

विजयबहादुर – यह गलत कर रहे हो, नवाब।

नवाब– क्या कहानी–उपन्यास लिखना ?

विजयबहादुर– जितने बन रहे हो उतने भोले हो नहीं तुम। उस खत की बात कर रहा हूँ जिसे मैं अभी–अभी डाक के डिब्बे के हवाले कर आया हूँ। तुम समाज के बारे में तनिक भी नहीं सोच रहे।

नवाब– मुझे डर नहीं।

विजयबहादुर– और तुम्हारी चाची ? वो खून पी जाएगी।

नवाब– तुम पानी पिलाओ। (निश्चिंतता के साथ लोटा ले उसे उठाकर पानी पी वापिस थमा देते हैं।) पी तो लिया अब खाने के सामान भी ले आता हूँ।

विजयबहादुर– ज्यादा आदर्शवादी बनने की जरूरत नहीं है, समझे ?

नवाब– (मंच से जाते–जाते) हाँ मैं तो हूँ आदर्शवादी और चाची से तुम डरो, मैं नहीं डरूंगा। (नवाब के मंच पर से चले जाने के बाद अँधकार फैल जाता है।)

सप्तम् दृश्य

(चाची के घर का दृश्य। वह आग– बबूला होते हुए बड़बड़ाती हुई प्रवेश करती है।)

चाची– (स्वयं से बात करती है) मुझे बस एक तार दे दिया, 'मैनें शादी कर ली। 'यह कहाँ का सलीका हुआ ? वाह रे। बाप मर गया तो क्या मैं ज़िंदा नहीं बची ? पूछना भी लाज़मी नहीं समझा। लगता है जवानी के नशे में सब कुछ बिसरा दिया है।

(दरवाजे पर दस्तक उभरती है तो चाची दरवाजा खोलती है। नई दुल्हन के साथ नवाब प्रवेश करता है। दोनों को देखकर चाची फुफकारती हुई सी मंच के बीचों–बीच आ जाती है।)

नवाब– (हाथ का बक्सा नीचे रखते हुए) शिवरानी, चाची को प्रणाम करो। चाची, आपकी बहुरिया को आशीष दो तनिक।

चाची– क्या आसीस दूँ ? तू ही बोल ? सौभागसाली रह, यह भी कैसे कह दूँ ? यह तो पहले ही किसी माँ का बेटा निगल चुकी है, अब की बार सायद तुम्हारा ही नम्बर लगा है।

नवाब– ऐसे तो ना बोलो। यह पहली बार घर पर आई है। स्वागत नहीं कर सकती तो कम से कम बद्दुआ तो मत दो। थोड़ा आगे–पीछे तो सोचो।

चाची– आगन–पीछन सोचने की मति तो तेरी मारी गई। तेरा बाप तो दुनिया छोड़ कर कब का चला गया लेकिन तुम दोनों ने मिलकर उसको तो छोड़ दिया था जिसको तेरे से ब्याह करवाके मैं लाई

थी। अब इससे कितने दिन निबाह लोगे, देखेंगे। हम थोड़ी ना मरने वाले हैं।

नवाब– देखो चाची। मेरे मरहूम पिताजी उस रिश्ते के खिलाफ़त में थे। मैं उस वक्त भले ही नासमझ था लेकिन शादी के लिए मेरे मन में भी वैसी ही खुशी की लहरें थी जैसी दूसरे किशोरों में होती है। मैंने भी सोचा था कि किस्सों, कहानियों, उपन्यासों की राजकुमारियों के जैसी ही गौरी, कोमल और मोहक राजकुमारी मेरे जीवन में आएगी और वह मेरी घरवाली होगी लेकिन मेरा ख्वाब ही चटक गया था। मैं आपको बता देना चाहता हूँ कि मैं कुरूपता से उतना नहीं घबराया था जितना मैं उसके दुर्व्यवहार से निराश हुआ था।

चाची– ओह, वाह रे अब तो जैसे चाँद ले आया है ना ? सोना कान खाने वाला हो तो किस काम का ?

नवाब– यह कान खाने वाला सोना नहीं है, तपा हुआ कुंदन है चाची।

चाची– अहह। बदनसीब कुंदन। तेरे दादा, गुरू सहायलाल तलाठी की पाग–नाक –लाज माटी में मिला दी।

चाची– ऐसा केवल आपको लगता है और आपको लगने की मुझे परवाह भी नहीं है। आज मेरी सगी माँ होती तो ऐसा नहीं सोचती। आपके ऐसे रवैये के कारण ही तो आप सिर्फ चाची ही रह गई।

(तभी दो–तीन गाँव वाले क्रोध में मंच पर आते हैं।)

पहला ग्रामीण– उस औरत पर क्यों धौंस जमा रहा है ? इधर हमसे बात कर। यह जो शादी की है, गलत की है तूने।

नवाब– कुछ गलत नहीं किया मैंने। यदि कोई मर्द विधुर हो जाता है तो वह तुरन्त दुबारा शादी कर लेता है पर जब औरत विधवा हो जाए तो वह फिर से शादी क्यों नही कर सकती ? आप गाँव वाले ––

दूसरा ग्रामीण– ग्रंथों मे यही लिखा है। तू धर्म–ग्रंथों से भी ऊपर हो गया रे।

नवाब– मैं धर्म–ग्रंथों का धुर–विरोधी नहीं हूँ लेकिन बदले हुए समय के साथ बदले हुए हालातों में हर कानून का असर कम तो हो ही जाता है। आज विधवा से विवाह करना बुराई का नहीं बल्कि हिम्मत का मौजूं है क्योकि हालात तो बदल ही गए ना काका ? काका वैसे भी तुम तो कुछ कहने के हालात

में हो नहीं। अपनी बेटी का माथा मूँढवा के घर में कैद कर रखा है। आपने उसको बाकी ज़िंदगी आपकी ही दहलीज़ पर गुजारा करने के लिए मजबूर कर दिया। यहाँ से जाने के बाद उससे एक बार जरूर पूछना कि उसकी क्या ख़ता थी। आपके चबूतरे पर जब वह तन्हा सी बैठी रहती है तो चुपके से उसकी आंखें देखना। उन सूनी आंखों में आपको दर्द का समंदर नहीं मिले तो फिर मुझसे कुछ कहना। हम चाहे कुलीन वर्ग से हैं लेकिन हमें यह हक किसने दिया कि एक जीती–जागती औरत को पशु जैसा जीवन जीने के लिए मज़बूर कर दें ? सही मायने में आप लोग पाखण्डी है।

पहला ग्रामीण– पढ़ने–लिखने से जुबानें गज़ भर की हो जाती है क्या ? बड़े–छोटे का लिहाज़ खा जाती है ? एक बात सुन ले। तुझे पता है हमें लमही पर गुमान क्यों है ? यह वह लमही है जो धर्म–नगरी बनारस से गले लगी हुई है, जो महात्मा बुद्ध का उपदेश–स्थल सारनाथ के छाया–केंद्र में आता है। तेरा घर ही नहीं, पूरा लमही गाँव दूषित कर दिया है। तूने महापाप किया है।

दूसरा ग्रामीण– अजायबराय के तीनों भाई चुप बैठे रहेंगे तो क्या हम भी चुपचाप देखते रहेंगे। कदापि नहीं। जात–बाहर कर दो इस नालायक को।

पहला ग्रामीण– उसके भाइयों को तो छोड़। जात–बाहर में भी समय लगेगा। इसको यही पर सबक सिखा देते है। बेवा से शादी करके आया है बेचारा। मार स्साले को।
(तभी शिवरानी देवी बीच में आ जाती है।)

शिवरानी– इनको मारने से पहले आप मुझे मारिए क्योंकि सारे फसाद की जड़ मैं ही तो हूँ। अगर इन्होंने गुनाह किया है तो इस गुनाह में मैं भी बराबर की शरीक हूँ।

(ग्रामीण नफरत और हिकारत के भाव लिए मंच के दूसरे हिस्से में चले जाते हैं। शिवरानी कहना जारी रखती है)

सबसे पहले तो मैं आप सभी से माफी चाहती हूँ। ऐसा मुझे बताया जाता रहा है कि मेरी पहली शादी ग्यारहवें साल में हुई थी लेकिन मुझे तो इसका कुछ भी याद नहीं रहा। ज़रा भी खबर नहीं। विवाह के तीन चार महीने भी नहीं गुजरे थे कि मैं विधवा हो गई। मुझे तो पता ही नहीं चला कि मैं कब सधवा बनी और कब विधवा हो गई। इसीलिए मुझे विधवा कहना मेरे साथ में अन्याय होगा क्योंकि जो बात मैं जानती नहीं वह मेरे माथे पर मँढना ठीक नहीं। (थोड़ा सा रुककर) मेरे विधवा होने के बाद मेरे पिताजी भी हर पिता की तरह खुश नहीं थे। कुछ समझदार पंडितों से सलाह मशविरा करके उन्होंने इश्तिहार दे दिया। इश्तिहार पढ़कर इन्होंने तार भेज दिया। मुझे तो यह भी नहीं मालूम था कि मेरी

शादी कहाँ हो रही है लेकिन यह इनकी दिलेरी है कि इन्होने एक विधवा से शादी कर ली। आपको बता देना चाहती हूँ कि मेरी माँ मर चुकी है, पिताजी बुजुर्ग हैं और एक छोटे भाई की जिम्मेदारी भी मुझ पर है।
ऐसे में मेरी ज़िंदगी तो बेसहारा ही हो जाएगी। क्या आप लोग चाहते हैं कि मेरी ज़िंदगी ठोकरों में या किसी कोठे पर गुजरे ? बोलिए । बोलते क्यों नहीं ? जब आपके पास समस्या का समाधान नहीं है तो हंगामा क्यों बरपा रहे हो ? बताइए ?
(ग्रामीण कुछ भी कह पाने में असमर्थ पाकर मंच से चले जाते हैं।)
चाची, मैं इस फागुन माह के सूरज की कसम खा कर कहती हूँ कि कुल को कदापि कलंकित नहीं होने दूँगी। चाची सुनो तो ––

(चाची हेय नजर ड़ाल कर मंच से बाहर चली जाती है। शिवरानी सिसक पड़ती है। नवाब पास आकर ढाँढस देता है।)

नवाब– नई–नई आई हो ना इसीलिए ये लोग ऐसा बर्ताव कर रहे हैं। तुम बुरा मत मानो।

शिवरानी– (स्थिर होकर) देखो मैं इस तरह की बेवज़ह की बमचख की आदी नहीं हूँ। मैं ऐसे झंझट कैसे बरदाश्त कर सकती हूँ ?

नवाब– बरदाश्त! तुम्हें बरदाश्त करने के लिए नहीं लाया हूँ। तुम्हें तो यहाँ पर शासन करना है।

शिवरानी– मुझे क्या पड़ी है कि मैं किसी पर शासन करूँ ? चलो यह तो पक्का हो गया कि मेरा मन यहाँ तो नहीं लगने वाला।

नवाब– तुम चली जाओगी तो मुझे अच्छा लगेगा ? बोलो। यह तुम्हारा घर है और मैं चाहता हूँ कि तुम अपने घर में आराम से रहो।

शिवरानी– मुझे कोई गरज नहीं पड़ी।

नवाब– मुझ पर तो शासन करोगी ? मालकिन हो तुम।

शिवरानी– मुझे कैद करने और कैद हो जाने पर भरोसा ही नहीं है। मैं कभी भी ऐसी बनने वाली जीव नहीं हूँ।

नवाब– नाराज हो जाओगी तो मैं तुम्हें मना लूँगा।

शिवरानी– मैं क्या होली दीवाली हूँ जो मुझे मना लोगे ?

नवाब– तुम्हारे क्रोध का पारा चढ़ा ही रहता है क्या ?

शिवरानी– कान खोल कर सुन लिया जाए कि मैं आँख और मति बंद करके सुनने वालों में से नहीं हूँ। अच्छा बताइए आपकी पहली धर्मपत्नी पर्दा करती थी ?

नवाब– उस समय करती थी क्योंकि चाची करवाती थी लेकिन तुम पर्दा नहीं करोगी।

शिवरानी– नहीं, मैं हर हाल में पर्दा करूँगी। (घूँघट खींच लेती है।)

नवाब– मैं तुमसे कहता हूँ कि पर्दा नहीं करोगी। इस बारे में दस साल बाद चाची का लिहाज करने की जरूरत नहीं। अब हालात दूसरे हैं।

शिवरानी– मुझसे बेहयाई नहीं होती।

नवाब– अगर तुमसे बेहयाई नहीं होती तो रोज पंसाखे उड़ेंगे।

शिवरानी– आप भला तो जग भला।

नवाब– सच कहता हूँ तुम बड़ी निठुर हो। तुमको भी मुझ पर दया नहीं आती ?

शिवरानी– अरे, दया आने की कोई बात हो तो मैं सुनूं।

नवाब– जो कहता हूँ तुम वो सुनो। तुम पर्दा नहीं करोगी।

शिवरानी– परदा छोड़कर बला सिर ले लूँ, हैं ना ? नहीं होगा।

नवाब– मेरे तो समझ में नहीं आता कि यह घर कैसे चलेगा ?

शिवरानी– जैसा चल रहा है बहुत ठीक है। मैं मस्त जीव हूँ।

नवाब– तुम नहीं समझोगी।

शिवरानी– नासमझ से शादी क्यों की ?

नवाब– चाची कम थी क्या जो तुम भी ऐसा व्यवहार कर रही हो ? कहीं निःस्वार्थ प्रेम नहीं है क्या ?

शिवरानी– मुझे उलझाओ मत। मैं तो मेरे घर जाऊँगी मतलब जाऊँगी।

नवाब– अभी! मतलब अभी ही क्यो ?

शिवरानी– जाने का भी मुहूर्त निकलाओगे ? मुझे जाना ही है। मैं तो वैसे भी––

नवाब– हाँ मस्त जीव हो, पता है। (सोचकर) चलो छोड़ आता हूँ।
(बक्सा उठाकर मंच से बाहर जाने वाले थे कि पीछे से विजयबहादुर दरवाजे पर ही हाँफता हुआ मिल जाता है।)

नवाब – अब क्या अनर्थ लाए हो ?

शिवरानी देवी – ऐसे क्यों बोले ? यह क्या सदैव अनर्थ की ही सूचना लाते हैं ?

नवाब– आपका भी बोलना जरूरी ही था ?

शिवरानी– तो क्या बोलना भी पूछ–पूछ के ही होगा ? ठीक है अब से वो बोले, जिसको बिन बात बोलने की बीमारी है। मुझे क्या ? (मुख फेर कर खड़ी हो जाती है।)

विजयबहादुर– आप तो इधर सुनिए। निगम साहब ने यह तार जल्द से जल्द आपको देने के लिए कहा है। यह लीजिए।

नवाब– निगम साहब ने ? लाओ जरूर ही कुछ खास होगा। (खोलने के बाद पढना शुरू करते हैं।) 'तुम्हारे लिए दो खबरें हैं। एक तो शिक्षा–विभाग में नौकरी पक्की हुई। आकर जॉईन करो। दूसरी

खबर के लिए शीघ्र मेरे पास आओ।'

शिवरानी– देखा मेरे चरण–कमलों का प्रसाद मिल गया ना ?

नवाब– जी देवी जी (झुककर सीधा होते हैं फिर चिंतित मुद्रा में बोलते हैं।) निगम साहब ने जल्द बुलवाया है जरूर कोई बुरी खबर होगी।

शिवरानी– वाह रे मानव। अच्छी खबर पर गौर नहीं किया और बुरी खबर की आशंका में दुबलियाई जा रहे हो।

नवाब– आपका नाम शिवरानी की जगह महारानी क्यों नहीं रखा ? चलिए जल्द ही यहाँ से निकलते हैं। (विजयबहादुर, नवाब और शिवरानी तीनों मंच से बाहर चले जाते हैं।)

अष्ठम् दृश्य

(मंच के बीचों–बीच टेबल कुर्सी लगी है जिस पर इंग्लैड़ का छोटा झंडा और 'डिस्ट्रिक्ट–कलक्टर, हमीरपुर' लिखी हुई तख्ती रखी है। पास में ही सामने दो कुर्सियाँ भी आगंतुकों के लिए लगा रखी है। नवाब का प्रवेश होता है।)

नवाब– (घड़ी देखकर) ये निगम साहब भी लेट–लतीफी के चैम्पियन ही हैं। बस बोल दिया कि कलेक्टर ऑफिस आ जाओ और खुद ही नदारद हैं। आजकल समय पर आता कौन है ?
(तभी दयानारायण निगम का प्रवेश होता है। नवाब झुककर अभिवादन करता है।)

नवाब– मैं कब से मुंतज़िर हूँ?

निगम– नवाब सुनो, अति–अधीरता और व्यग्रता सदैव सुफलदायक नहीं होती है।

नवाब– मैं तो गुज़ारिश कर रहा था कि ––

निगम– गुज़ारिश नहीं, निवेदन या अनुरोध कहो। अब वो वक्त अवतरित हो गया है जब तुम्हें पूर्ण–रूपेण उर्दू को त्यागना ही होगा। अब हिंदी या खड़ी बोली से परिचित होना आवश्यक हो गया है क्योंकि हिंदी में लेखन आरम्भ करने का समुचित वक्त बस यही है।

नवाब– हिंदी में तो लिखना आरम्भ मैं कर दूँगा लेकिन अब फिलहाल आप बताना आरम्भ कीजिए कि कलेक्टर–ऑफिस में क्यों बुलवाया है ? वो दूसरी खबर क्या है ?

निगम– मैनें कहा ना अति अधीरता ––

नवाब– और व्यग्रता सदैव सुफलदायक नहीं होती है। हाँ पता है। (दोनों हँसते हैं) अच्छा बताइए इस थैले में क्या ले आए ?

निगम– आपके द्‌वारा लिखा हुआ 'अति–अधीर–राष्ट्रवादी–विचारधारा' का नमूना। यही तो आपकी दूसरी खबर है।

नवाब– इसके क्या मायने हुए ?
(तभी रौबीली आवाज वाला जिला–कलक्टर मंच पर आता है और कुर्सी पर आकर बैठ जाता है।)

कलेक्टर– टूम में से नवाब राय कौन है ?

नवाब– (चौंक कर) मैं ज़नाब।

कलेक्टर– टूम खाली हाथ क्यों आए हो ? क्या टेलीग्राम नहीं पाए थे ?

निगम– जी श्रीमान सारी प्रतियाँ ले आए हैं।
(थैले में से एक किताब निकाल के अदब के साथ मेज पर रखते हैं।)

कलक्टर– (किताब उठा कर पढ़ता है) सो–जे–व–ट–न? व्हाट इज दि मीनिंग ऑफ दिस टाईटल ?

निगम– देश का मातम, श्रीमान।

कलेक्टर– वन मिनट, आर यू नवाब ? नो। देन शट अप प्लीज। येस मिस्टर नवाब राय, डेश का माटम क्यों मना रहे हो ? (आँखें उछालता है। नवाब भयभीत सा होकर चुप हो जाता है।) मिस्टर नवाब, कलेक्टर ऑफ हमीरपुर आपसे कुछ पूछ रहा है। (नवाब सिर झुका कर खड़ा रहता है।) फाइव स्टोरीज आर इन दिस बुक। डुनिया का अनमोल रटन, शेख मखमूर, यही मेरा वटन है, अशोक का पुरस्कार, सांसारिक प्रेम और डेशप्रेम। तुम्हे पटा है इस किटाब में सरकार के खिलाफ़ बगावट की बू

आती है। अंग्रेजी एडमिनिस्ट्रेशन टुमसे खफा है। बिईंग द पार्ट ऑफ द एडमिनिस्ट्रेशन ऑफ इंगलिश गवर्नमेण्ट कहना चाहटा हूँ कि उन्नीस सौ आठ के इस साल में सरकार के खिलाफट में लिखी यह बुक अंतिम होगी। एण्टीनेशन – स्टोरीज! नॉट टॉलरेबल। टुम तो वैसे भी सरकारी मुलाज़िम हो। हो ना ? देन हाऊ डेयर यू? गिव द क्लीयरफिकेशन देट व्हाई यू शूड नॉट डिसमिस ? टुम्हे इस नौकरी से क्यों नहीं निकाल दिया जाए ?

नवाब– (गिड़गिड़ाते हुए) मर जाऊँगा सर। पूरा कुटुम्ब बर्बाद हो जाएगा। मुझे नौकरी से निकाल दोगे तो हम सब भूखे मर जाएंगे क्योंकि मेरे पूरे घर की ज़िम्मेदारी उठाने वाला मैं अकेला हूँ। (हाथ जोड़कर खड़ा हो जाता है)

कलक्टर– (कुछ देर विचार करते हुए) ओके ओके। लेट मी थिंक अबाउट सम पॉसिबिलिटीज। एक कंडीशन पर माफ किया जाएगा। लिख कर डेना होगा कि आज के बाद लिखना छोड़ दोगे। यदि डुबारा लिखने की हिम्मत की तो जान से मरवा दूँगा। समझे। डिपार्टमेण्टल नोटिस भिजवा रहा हूँ, जवाब दे देना कि फिर गुस्ताख़ी नहीं होगी। वन मोर थिंग, इसकी सारी कॉपीज जला दो। अभी। (कलेक्टर स्वयं लाइटर निकालकर किताब पर आग लगा देता है ओर नीचे गिरा देता है। निगम को थैले के अंदर की भी सारी प्रतियाँ जलाने लिए इशारा करता है। निगम के थैला खाली कर देने के बाद कलेक्टर मंच से जाने वाला होता है लेकिन रुककर सख्त लहज़े में कहता है।)
मिस्टर नवाब, खैर मनाओ कि टुम अंग्रेजी अमलदारी में हो, यह सल्टनट–ए–मुग़लिया का ज़माना नहीं वर्ना सबसे पहले टुम्हारे हाथ काट दिए जाटे। अण्डरस्टैण्ड ? क्यों ? क्यों कि टुम बगावट फैला रहे हो। आई विल सी यू (जूतों की आवाज के साथ ही कलेक्टर मंच से बाहर चला जाता है।)

नवाब– (सिर पकड़कर) मार दिया, मेरे अंदर का लेखक मार दिया। (सिसकियाँ) मैं तबाह हो गया। (रूदन। नीचे बैठ जाता है।)

निगम– अरे! ऐसे हारे हुए योद्‌धा की तरह क्यों क्रंदन करने लग गए?

नवाब– निगम साहब, ये कैसी अंग्रेजियती–सभ्यता है ? हत्या, लेखक की! इन पूँजीवादी सोच रखने वाले हुकुमरानों की हरकतें देखी आपने ? सही मायने में यही महाजनी तहज़ीब है। निगम साहब, मैं सोज़े–वतन के साथ आत्मदाह कर लूँगा।

निगम– (उठाकर खड़ा करते हैं) फिर वही अधीरता और व्यग्रता ? कब छोड़ोगे इसको ? लेखक हो, कोई बुद्‌धिहीन तो नहीं, और हाँ महाजनी–तहजीब नहीं 'वैश्योपरक–सभ्यता' बोलेंगे। ऐसे मुझे क्या

देखते हो ? 'ज़माना' पत्रिका का यह नगण्य सा मालिक कह देना चाहता है कि सही अर्थ में आज इस नवाब को मर ही जाना चाहिए।

नवाब— मतलब ?

निगम— हिमालय से निकली हुई गंगा जब नए मोड़ से गुजरती है तब हर मोड़ पर उसका नाम बदल जाता है। नवाब तुम बताओ नाम बदलने से गंगा—जल की प्रभाविता और प्रवाहिता में कुछ भी कमीं आती है क्या ? तनिक भी नहीं। नवाब तुम्हारी कलम भी हिमालय की ऊँचाई रखती है तो इसकी स्याही भी गंगा—नीर से कम नहीं। अब तक यह गंगा नवाब राय के नाम से बहती थी। अब इस नए मोड़ पर इस नाम से नहीं बहेगी तो क्या कलम के गुण—धर्म भिन्न हो जाएंगे ? बोलो ?

नवाब— कदापि नहीं।

निगम— प्रशासन ने नवाब राय को मार दिया तो क्या हुआ ? इस नाम के आगे भी सृष्टि है। स्वयं का नाम ही बदल दो।

नवाब— हैंऽऽऽऽ ——(मुँह खुला का खुला रह जाता है।)

निगम— अरे मुँह बंद करो नहीं तो कलेक्टर मुँह में चला जाएगा। हाँ सुनो, वही होगा काम पर दूजा होगा नाम।

नवाब— नाम ——बदल दूँ ? हे प्रभुवर, तो आप यह भी बताइए कि मैं नया नाम क्या रख लूँ ?

निगम— पता नही बिना धन के तुम धनपत कैसे हो गए ? कोई रियासत या देश भी अधीन नहीं, नवाब कैसे हो गए ? मुझे यह समझ में नहीं आया। मेरे अनुसार तो तुम एक ही सम्पत्ति के मालिक हो वह है अनुराग, प्रीति। यदि तुम्हारे पास अथाह, अनन्त कोई दौलत है तो वह है प्रेम। बस इसी एक चंद्र से तुम विश्व—व्योम पर चमकोगे। इसीलिए मैं आज तुम्हे नया नाम देता हूँ। तुम्हारा नाम होगा— 'प्रेमचंद'।

नवाब— प्रेमचंद ? प्रेमचंद! ठीक है प्रेमचंद। (खुश होता हुआ निगम के चरणों में बैठ जाता है।) मित्र से आज आप मेरे पिता के समान हो गए निगम साहब। (निगम उठाकर गले लगा लेते है) मैं जन्म से ही तेंतर था। आपको पता है ?

निगम– तेंतर ?

प्रेमचंद– तेंतर का मतलब होता है तीन लडकियों के बाद पैदा हुआ लड़का। ऐसा जन्म होना बड़ा अशुभ माना जाता है। इस अंधविश्वास के कारण ही मैंने बहुत दण्ड भुगते हैं। बचपन में बनारस से हाई – स्कूल कर रहा था तब भी मेरे पास फीस के लिए पैसे नहीं थे। ट्यूशन कर–कर के चुकाया करता था। पिता की मृत्यु के बाद तो ज़िंदगी जैसे बोझ ही बन गई। मेरा वकालात करने का सपना धराशायी हो गया। गणित तो मेरे लिए गौरीशंकर की चोटी के समान रही है। गणित की कमजोरी के कारण ही 'क्वीन्स महाविद्यालय' में प्रवेश नहीं हो पाया। पैसों की किल्लत और परिवार की ज़िम्मेदारी नहीं होती तो इस 'डिप्टी इंस्पेक्टर ऑफ स्कूल पद को आज ही छोड़ चुका होता। (एक लम्बी सांस लेता है।) निगम साहब मैं आज आप से वायदा करता हूँ कि एक दिन मैं इस नौकरी की बेड़ियाँ भी जरूर तोड़ूँगा और पूरा जीवन ही लिखने में लगा दूँगा। बंदिशें मेरी रक्त –शिरायें रोक देती हैं। मैं स्वतंत्र होकर लिखना चाहता हूँ। (खुश होकर) पता है मैंने सबसे पहले क्या लिखा था ? आपको तो कैसे पता होगा ? मैंने सबसे पहले मेरे मामू का प्रणय–प्रसंग लिखा था। (याद करके खुद ही हँसते हैं) ख़ैर छोडिए, मैं चलता हूँ। शिवरानी प्रतीक्षा में होगी लेकिन आपके द्वारा दिए गए 'प्रेमचंद'नाम की मर्यादा रखना इस तेंतर की बड़ी ज़िम्मेदारी हो गई है।
(निगम जी भी मुस्कुराते हुए मंच से चले जाते हैं।)

नवम् दृश्य

(शिवरानी देवी कुर्सी पर बैठी – बैठी कुछ लिख रही है। दो चार पन्ने इधर–उधर बिखरे हुए हैं। मंच के पीछे से आवाज आती है – 'रानी ओ रानी' तो डायरी कलम छोड़कर एक तरफ जाकर देखती है। तभी दूसरी तरफ से फिर से 'रानी ओ रानी' की पुकार आती है। फिर वह दूसरी तरफ जाती है कि पीछे से प्रेमचन्द आकर उसे चौंका देते हैं।)

शिवरानी: यह क्या भौंकाल मचा रखा है ? ये मखौल की उम्र है क्या ? ये क्या ? नए–नए से कैसे लग रहे हो ?

प्रेमचन्द: नमस्कार, श्रीमती शिवरानी देवी प्रेमचन्द।

शिवरानीः यह क्या हिमाकत है ? मेरे साथ किसका नाम जोड़ रहे हैं आप ?

प्रेमचन्दः आपके पतिदेव। रानी, यानि आप और प्रेमचंद अर्थात हम!

शिवरानीः चुहलबाजी क्यों कर रहे हो ? मामला क्या है ?

प्रेमचन्दः मेरे जीवन का एक महत्वपूर्ण मोड़ आ पहुँचा है। आगे अब हम इसी नाम से लिखेंगे। एक दिन तुम भी इसी नाम से हमारी जीवनी लिखोगी। कैसा लगेगा – 'प्रेमचन्द–घर में'। लेखिका श्रीमती शिवरानी देवी प्रेमचन्द।

शिवरानीः ओह! नया नाम – प्रेमचन्द। नाम बदलने से क्या होता है ? काम भी तो बदलें।

प्रेमचन्दः मतलब ? रानी तुम कहना क्या चाहती हो ?

शिवरानीः जो वाकइ समाज में हो रहा है वही लिखिए ? सच लिखें, यथार्थ लिखिए, आदर्श होना छोड़िऐ।

प्रेमचन्दः यथार्थ ? कैसे ?

शिवरानीः ऐसे . . . .

पीर जब भी दिखे तो लिखें कम से कम।
फ़र्ज़ यह तो कलम का रहे कम से कम।
बेबसी, मुफ़लिसी पर न खामोश हों,
हक़ जो इनका है वो तो मिले कम से कम।
प्रेम की तो बड़ी ही कमीं आ गई,
आप के तो दिलों में बसे कम से कम।
भेड़ सा चल रहा है यहाँ आदमी,
रोशनी में उसे लाइऐ कम से कम।
पीढ़ियों से चुकाता रहा कर्ज़ वो,
शेष कितना बचा बोलिए कम से कम।

प्रेमचन्दः (मुँह खोले अवाक् खड़े रहे) यह क्या चमत्कार है रानी ? तुमने तो गज़ब कर डाला। मेरी तो रत्नावली हो गई हो तुम। इस रामबोला को तुलसी की राह पर चला दिया। हे देवी ! तुम्हारा माहात्म्य कैसे गाँऊ ?

शिवरानीः मक्खन पॉलिश मत करिए।

प्रेमचन्दः सच्ची। शपथ। तुम्हारा कहना सही है। कलम को थामने वाले हर इंसान को पारदर्शी एवं निष्पक्षता देखने वाला ऐनक लगाना चाहिए।

शिवरानीः और नहीं तो क्या ?

प्रेमचन्दः बिल्कुल। समाज को भी आदर्श स्थापित करने के लिए प्रयास करना चाहिए। इसके साथ ही साहित्यकार को भी यथार्थ प्रस्तुत करना ही चाहिए। इसी आदर्श यथार्थवाद को मैं अपनी रचनाओं में समाहित करता रहूँगा।

शिवरानीः शाबाश बालक।

प्रेमचन्दः बालक ? अच्छा सुनो ये कागज तितर–बितर करके क्यों पटके हैं ?

शिवरानीः कुछ नहीं। खरबूजे पर खरबूजे का रंग चढ़ने लगा है। कुछ लिखने का जतन कर रही थी।

प्रेमचन्दः अरे बाप रे। एक करेला क्या कम था जो तुम भी नीम हो गई। लेकिन रानी सच कहूँ तुम्हारी समाज के प्रति जो चिंता है वो चिंताभाव मुझे भी प्रभावित करता है। सोच व्यापक है तुम्हारी। तुम वास्तव में बड़े घर की बेटी हो। अरे वाह ! यह तो नई कहानी का प्लॉट मिल गया मुझे। मैं प्रेमचन्द नाम की पहली कहानी इसी शीर्षक से लिख देता हूँ। एक काम करना, मेरा हुक्का दे जाना, फिर मैं कहानी लिख कर तुम्हें सुनाता हूँ।

(कुर्सी पर बैठ कर लिखने लगते है) शिवरानी मंच पर से जाने ही वाली थी की जोर से वमन करने लगी। प्रेमचन्द घबरा कर पास आते हैं।)

शिवरानीः घबराइए मत। बैठिये तनिक। प्रेमचन्द जी प्रेम से बैठ जाइए।

प्रेमचन्दः अरे ऐसे कैसे ? तुम्हारी हालत तो देखो . . . .देखो . . .मैं अभी वैद्य ––

शिवरानीः मैं दिखा आई। आप तो लिखना चालू कीजिए।

प्रेमचन्दः अजीब बात है। तबीयत खराब है और कहती हो लिखना चालू रखो।

शिवरानीः अजी साहब, बात सुनो तो मेरे प्यारे पतिदेव प्रेमचन्द जी। मैं आपसे बहुत–बहुत प्रेम करती हूँ और आपके लिए एक खुशखबरी है।

प्रेमचन्दः मेरा चेक आ गया होगा।

शिवरानीः जी आ गया और धनपत के इस धन की डिलीवरी नौ महीने बाद ही होगी।
(शर्म से चेहरा लाल हो जाता है)

प्रेमचन्दः (स्वयं से) अच्छा है कुछ हाथ खर्च तो चलेगा। पर नौ महीनें क्यों ?
(प्रेमचंद कुछ पल समझने मे लगाते है लेकिन समझ में आते ही उत्तेजित हो जाते है।' ओ तेरी तो, रानी कहीं की, रुक ––' कहकर खुश हो जाते हैं। फिर दोनों हँसने लगते हैं। सहसा प्रेमचन्द चुप हो जाते हैं)

शिवरानीः क्या हुआ ? किस मक्खी ने छींक दिया जो हँसते–हँसते चुप हो गए।

प्रेमचन्दः (गम्भीर स्वर में) मेरे पास तो तुम्हारे जापे तक के भी पैसे नहीं हैं।

शिवरानीः (पल्लू में बँधे पचास रुपये खोलकर हाथ में रख देती है) ये लो इससे हो जाएगा ?

प्रेमचन्दः ये रुपये कहाँ थे?

शिवरानीः हर महीने के खर्च में से बचे हैं।

प्रेमचन्दः तो फिर तो ये तुम्हारे हुए।

शिवरानीः तो फिर सब मेरे हुऐ। आप तो कभी एक पैसा नहीं बचा पाए।

प्रेमचन्दः मैं तो शायद ही बचा पाऊँगा। तुम्हारे लिए सबसे पहले कल मैं एक बकरी लाऊँगा। दूध पीते रहना। मैं स्वयं दुहूँगा। तुम्हें और मेरे बच्चे को दूध मिलना चाहिए। मुझे तो . . . . . .(कहीं खो जाते हैं। आँसू छलक पड़ते हैं)

शिवरानीः बोड़म कहीं के। (आँसू पोंछती हैं) चलो मैं हुक्का लाती हूँ।

(शिवरानी मंच से बाहर चली जाती है। प्रेमचन्द अनमने से खड़े रह जाते हैं। हैरान मुद्रा में कुछ सोचने लग जाते हैं)

शिवरानीः (पुनः आती है। हाथ में हुक्का होता हैं) मैं एक बात बताऊँ जब आप हिन्दी में लिखना आरम्भ कर ही रहें हैं तो पहले लिखे उर्दू के उपन्यासों को क्यों नहीं हिन्दी में अनुवाद कर लेते हैं ?

प्रेमचन्दः उससे क्या ?

शिवरानीः अजी साहब दायरा बढ़ेगा।

प्रेमचन्दः यह भी सही है। करके देख लेते हैं। (सोचते हुए) चलिए आपके कहने पर सबसे पहले ' बाजार–ए–हुस्न 'को लेते हैं।

शिवरानीः हाँ। उसकी नायिका सुमन सामाजिक ढर्रे में रचते–बसते हुए समाज के लिए कितनी उदार हो जाती है। उस का पूरा जीवन ही सेवा का एक सदन हो जाता है।

प्रेमचन्दः सेवा का एक सदन। हम्म। यही नाम रख लेते हैं 'सेवा–सदन'। चलिए आप अपना काम कीजिए और प्रेमचन्द की चलाने दीजिए कलम की कुदाली।
(शिवरानी मंच से चली जाती है और प्रेमचन्द कलम उठाकर फिर लिखना आरम्भ कर देते हैं। प्रकाश मद्धिम हो जाता है।)

दशम् दृश्य

(प्रकाश फैलते ही पुस्तकें बिखरी नज़र आती है। नेपथ्य से महात्मा गाँधी की आवाज़ उभरती है)
आवाज़ – मैं मोहनदास करमचंद गाँधी बोल रहा हूँ। आज आप सभी देशवासियों से कहना चाहता हूँ कि इस असहयोग के यज्ञ में प्रत्येक नागरिक एक योगाचारी है। समस्त देशवासियों को सरकार का किसी न किसी

प्रकार से असहयोग करना है। टैक्स, भक्ति, उनके बनाये सामान छोड़कर इस असहयोग को पूर्ण बल दे सकते हैं। मैं आह्वान करता हूँ कि जो सरकारी नौकरी कर रहे हैं वे भी त्याग पत्र दे दें, ताकि अंग्रेजी हुकुमत को सबक सिखाया जा सके। भारत माता की जय।
(दरवाजे पर खट–खट की आवाज होती है। शिवरानी का प्रवेश होता है। दरवाजा खोलते ही एक सज्जन से व्यक्ति का प्रवेश होता है।)

व्यक्तिः नमस्ते जी, मैं पोद्दार, बाबूजी हैं ?

शिवरानीः आइए–आइए। यहीं है लेकिन वे तो रात भर से दस्त से पस्त हैं। मैं गिड़गिड़ाती रही लेकिन ठस से मस नहीं हुए। मजाल क्या कि कलम रोकते। शायद अभी सोए हों। बैठिए, आवाज लगाती हूँ। सुनिए सो रहे हैं क्या ?

प्रेमचन्दः (प्रवेश करते हुए भी कुछ लिख रहे हैं) रानी मजदूर नहीं सोते, उन्हे कल की चिन्ता सताती रहती है। अरे! पोद्दार, कब आए ? रानी ये हैं महावीर प्रसाद पोद्दार। इनको बिठाया नहीं ? ये हमारे चर्खे बाँटनें के काम में सबसे महत्वपूर्ण आदमी हैं।

शिवरानीः हाँ सही है, मेहमान–नवाज़ी तो जैसे आप ही को तो आती है। भाईसाहब आप बैठिए। मैं कुछ लाती हूँ।
(प्रेमचन्द पोद्दार के पास जाते हैं। शिवरानी मंच से बाहर जाती है कि प्रेमचन्द फिर आवाज लगा देते हैं)

प्रेमचन्दः सुनो रानी एक मुद्दे पर तुमसे भी राय चाहता हूँ। (शिवरानी लौट आती है) गांधी जी गोरखपुर आए थे। उनको सुनने मैं भी गया था। सुनकर लगा कि ऐसा नेता सदियों में पैदा होता है।
शिवरानीः हाँ तो, किस उपन्यास की भूमिका बता रहे हो ?

प्रेमचन्दः भूमिका तो है लेकिन किसी उपन्यास, कहानी, नाटक या निबन्ध की नहीं है।

शिवरानीः पहेली का कोई संग्रह लिख रहे हो क्या ? सीधे–सीधे बताओ बात क्या है ?

प्रेमचन्दः (मुँह फुलाते हुए) क्या तुम कभी सीधी बात कर सकती हो ?

शिवरानी – नहीं।

प्रेमचंद– चल ठीक है, मैं भी नहीं बता रहा।

शिवरानी: ठीक है मुझे कौनसी गरज़ पड़ी है ?

पोद्दार: अरे भाई विश्व–युद्ध के बादल क्यों घिर आए ? बाबूजी आप बता क्यों नहीं देते ?

शिवरानी: आजकल इतने नकचढ़े हो गए हैं कि पूछिए मत। कल मन्नू ने एक लेख फाड़ डाला तो इसी बात पर इन्होनें उस बच्चे को चांटा जड़ दिया। कोई भला अपने बच्चे को ऐसे मारता है क्या ? बीमार हैं पर रातभर लिखना है बस। कहने पर ज्ञान की घुट्टी देते हैं। खुद तो वैद्य की दवाई नहीं खाते और मुझे . . . .

प्रेमचन्द: शिवरानी देवी जी मैं यह कहना चाह रहा हूँ कि जिस दिन गांधी जी गोरखपुर आए थे उस दिन आह्वान करके गए थे कि अंग्रेजों की नौकरी छोड़ना भी असहयोग होगा। मैं भी मानस बना रहा हूँ कि यह नौकरी छोड़ दूँ। तुमसे राय मशविरा करना है पर तुम तो . . . . .
(शिवरानी चुप हो गई। कुछ पल मंच पर मौन पसरा रहा।)

शिवरानी: (चिंतित मुंद्रा में) पच्चीस बरस की नौकरी छोड़ने में बहुत तकलीफें होंगी। नौकरी न रहेगी तो पैसे ? तकलीफें तो चलो सहन करेंगे लेकिन मुमकिन है खाना भी न मिले।
(ठहर कर सोचती है। मंच पर चक्कर काटती है। अचानक निर्णय करके रुक जाती है।) सुनिए आप यह नौकरी छोड़ दीजिए।

प्रेमचंद– (चौंक कर झटके से सीधे होते हैं) क्या ?

शिवरानी– मेरी तक़लीफ़ें मुल्क पर हो रहे अत्याचार से काफी कम होगी, शायद नगण्य। जलियाँवाला बाग नरसंहार की आग अभी भी दिलों में है। छोड़ दीजिए यह नौकरी क्योंकि इन अत्याचारों को तो सबको मिलकर ही मिटाना होगा। अनेक सरकारी नीतियाँ सहनशक्ति के बाहर हो गई है। अब इस सरकार का अंत होना चाहिए।

प्रेमचन्द: (स्वाभाविक हँसी के साथ) दूसरों का अंत करने से पहले अपना अंत सोच लो।

शिवरानी: मैं इसके लिए सोच चुकी हूँ।

प्रेमचन्दः यही निश्चय है ?

शिवरानीः हाँ।

प्रेमचन्दः ठीक है मैं कल ही इस्तीफा दिए देता हूँ। कल ही सरकारी मकान भी छोड़ना होगा। जाना कहाँ है इसका भी ठिकाना नहीं।

शिवरानीः गांव चलना है।

प्रेमचन्दः गांव में तुम्हारे रहने के लिए मकान कहाँ हैं ? पुराने घर मे तो चाची वगैरह का ही गुजारा होता है।

शिवरानीः उन्होंनें ही हमारे आराम –तकलीफ का कोई ठेका नहीं लिया है तो हम हीं क्यों लें ?

प्रेमचन्दः ऐसा तो तुम नौकरी छोड़ने के लिए भी कह सकती हो और जब दूसरे नहीं छोड़ रहे तब मैं ही क्यों छोड़ूँ ?

शिवरानीः ये तो देशभक्ति की बात है।

प्रेमचन्दः यह त्याग, तपस्या, बलिदान हम लोगों का अपने पापों का प्रायश्चित है।

शिवरानीः तो हम लोगों ने क्या पाप किये हैं ?

प्रेमचन्दः हमनें नहीं तो हमारे बुजुर्गों के किए हुए हैं। आराम के नशे में वही लोग डूबे थे। तभी तो मुल्क में फूट पैदा हुई। लड़ाई में तीसरा विजयी हो गया और अंग्रेजों का राज़ हो गया।

शिवरानीः विजेता कभी गर्व से भी अन्धा हो सकता है।

प्रेमचन्दः नहीं विजेता गर्व से अन्धा रहता है। हमें भी अपनी मनोवृत्ति बदलनी होगी। रहीम जी का दोहा याद है –'प्यादे से फरजी भयो, टेड़ो–टेड़ो जाए।'

शिवरानीः नौकरी छोड़कर क्या यहीं गोरखपुर में ही रहें ? आपकी बिमारी भी तो मुद्दा है। एम. ए.

क्यों पढ़ रहे हो? नौकरी के लिए ही तो पढ़ रहे हो ?

प्रेमचन्दः निर्णय हो गया नौकरी छोड़ेंगे। देखते हैं कहाँ ठिकाना मिलता है ?

पोद्दारः मेरी भी सुन लेंगें ? बिल्कुल नौकरी से तो इस्तीफा दे ही देना चाहिए। रहने के लिए मेरे निवास–स्थान 'मानीराम' में खूब जगह है। आप दोनों मेरे आग्रह को स्वीकार कर लीजिए। बच्चे सहित कल ही निकल लेते हैं। मैं और मेरी बीवी धन्य हो जाएंगे। आप और हम साझे में चर्खे की दुकान भी चला लेंगे।

प्रेमचन्दः यह ठीक रहेगा। मेरी बात हो गई शिवरानी, चालीस रुपये प्रतिमास पर दो कहानी और दो लेख लिखने हैं। हालांकि यहाँ कलम के बल पर रोटियाँ चलाना बहुत ही मुश्किल है। श्री सम्पूर्णानन्द जी से मेरी बात हो गई। वही जो काशी से 'मर्यादा' पत्रिका चलाते हैं। पचास रुपये वेतन देंगे। ये जो उर्दू से हिन्दी के उपन्यास अनुवाद कर दिए हैं, ये भी तो कुछ देंगे।

शिवरानीः हो गए ? बताया ही नहीं। क्या–क्या नाम रखे ?

प्रेमचन्दः हमखुर्मा व हम सवाब को 'प्रेमा', गोशा–ए – आफियात का मसौदा 'प्रेमाश्रम' के नाम से लिखा। सुनो आपके प्रेमचन्द का यह 'प्रेमाश्रम' उपन्यास हिन्दी का पहला उपन्यास माना जा सकता है। मैं अवध के किसानों की हालत से दुखी था और यही दुःख मैंने पाठकों के सामने रख दिया।

शिवरानीः चाहे जितने दुःखी हो पर मुझे तो जानकारी अब दे रहे हो। मैं लगती क्या हूँ आपकी? कुछ नहीं। देखो भाई हम सरकारी नौकर जो नहीं हैं ना ?

प्रेमचन्दः अभी तो बता दिया। सरकारी नौकर होने की बात पर तो भाई मैं यही कहूँगा कि सरकारी नौकर होने और नहीं होने का भेद तो अब भविष्य बताएगा। चलो, देखते हैं। अब चलने की भी तैयारी करो। पोद्दार जी इस कलम के मज़दूर का डेरा अब आपके आँगन में होगा, वो भी मय परिवार।

पोद्दारः मैं धन्य हो जाऊँगा। वहाँ की सफाई देखता हूँ। अच्छं अनुमति चाहता हूँ।

(पोद्दार मंच से चले जाते हैं। शिवरानी भी नाराजगी के साथ चली जाती है। प्रेमचन्द देखते रह जाते हैं। फिर बिखरी पुस्तकों को उठा कर पर्दे के पीछे चले जाते हैं।)

एकादशम् दृश्य

(शिवरानी देवी गोद में कपड़े से लिपटा बच्चा ले कर मंच पर आती है। एक कोने में जाकर पोद्दार जी को आवाज लगााती है।)

शिवरानी देवीः भाईसाहब ओ भाईसाहब, एक बार मन्नू को देखना तो, इसे क्या हो गया है ?

पोद्दारः (प्रवेश करके चिंता में) हाँ भाभी, मन्नू, हे ईश्वर! ग्यारह महीने के बच्चे को क्या हो गया है!

शिवरानीः दो दिन से बुखार था, इसके रोने–रुलाने का नज़ारा कोई काम नहीं करने देता। आज तो चेहरे पर ये–––

पोद्दारः मुझे तो लगता है कि चेचक के दाग हैं। यह तो काली चेचक है।

शिवरानीः हे प्रभु चेचक! उनको भी इन्हीं दिनों में जाना था।

पोद्दारः बाबूजी नहीं है, कहाँ गए?

शिवरानीः क्या बताऊँ भाई साहब, वही उनकी पुरानी दुश्मन पेचिश, बहुत परेशान कर रखा है। सेहत ज्यादा खराब है तो पहाड़ की सैर पर गए हैं। उनके मित्र इम्तियाज अली ताज साहब के साथ मसूरी जाने का प्रोग्राम बनाया था लेकिन बन नहीं पाया। फिर वे अकेले ही कनखल, ह्रषिकेश होते हुये देहरादून की ओर चले गए।

पोद्दारः उनको तो समय लगना तय है।

शिवरानीः मैंने उनको लिख तो दिया है पर यह तो आँखें ही नहीं खोल रहा है। डॉक्टर को तो बुलाइए।

पोद्दारः चेचक की महामारी में डॉक्टर भी नहीं मिल रहे हैं। भाभी यह तो–––

शिवरानीः अरे आप हाथ मत लगाइये, कहीं आप को भी ––

पोद्दारः कैसी बातें करती हैं भाभी आप भी, अगर मेरा खुद का बच्चा होता तो क्या तब भी मैं हाथ

नहीं लगाता ? भाभी –– बच्चा ठंड़ा हो गया है। नब्ज भी––

शिवरानीः (घबराकर) क्या बात कर रहे हो भाई साहब! (बच्चे का शरीर टटोलती है फिर चीखती है।) हाय रे मेरा मन्नू मेरा बच्चा (काफी देर तक क्रंदन चलता रहता है।)

पोद्दारः भाभी हिम्मत तो रखनी होगी, उठिए, उठिए तो सही, आप एक बहादुर नारी है। आइए। अंतिम संस्कार भी अपने को ही करना होगा। (पोद्दार सहारा देकर शिवरानी को मंच से बाहर ले जाते हैं। प्रेमचंद का थैला लेकर प्रवेश होता है।)

प्रेमचंदः रानी ओ रानी, कहाँ हो? तुमने लिखा था कि मन्नू की तबीयत खराब है, अब कैसा है ? रानी, अरे सुनो तो ––– (शिवरानी फफकती हुई मंच पर आती है। प्रेमचंद का हाथ पकड़कर नीचे बैठ जाती है। पीछे–पीछे पोद्दार आता है) पोद्दार क्या हुआ ?

पोद्दार – बाबूजी हमारा मन्नू हमारे बीच नहीं रहा।

प्रेमचंद – मुझे आशंका पहले से ही थी। यह महामारी हर घर से कुछ ना कुछ छीन रही है। मेरा घर भी क्यों अछूता रखेगी ? मेरा मन्नू, चेचक की महामारी की भेंट चढ़ गया। कोई क्या कर सकता है? रानी उठो। क्यों रोती हो ? ग्यारह ही महीने तो ज़िंदा रहा। उस पर भी बराबर बीमार। मैं तो ज़िंदा हूँ। असल में मैं ही तुम्हारा हूँ। उठो। मेरा हाथ कस कर पकड़ लो। सुनो पोद्दार, मन्नू के सारे सामान जलवा दो, फिर उस कमरे में जहाँ मन्नू था, उसे फिनायल से धुलवाकर ताला लगा दो। चाबी मैं स्वयं फेंकूँगा। रानी,मरना जीना तो लगा ही रहता है। रोकर भी क्या करोगी ? अपना वश क्या है ? बेटी और घुन्नू को लेकर तुम मरदाने कमरे में रहो। पोद्दार यह थैला लो, भाभी को अंदर ले जाओ। मैं उस कमरे में हवन करने के लिए सामान लेने जाता हूँ। (पोद्दार थैला थामकर शिवरानी को लेकर मंच से चले जाते है। अचानक धम्म से नीचे बैठ जाते हैं। गला भर ज़ाता है।) इस ग़म से तो नजात नहीं मिलेगी। उसकी याद ताज़ीस्त रहेगी। लगता है मेरे एमाल का ही नतीजा है। क्या पहले से ही तकलीफें कम थी जो एक और दे दी। मैं कब तक ज़िंदा रहूँगा ऽऽ। पैदा होना, कहाँ और किस घर में पैदा होना, यह तो मेरे हाथ नहीं था लेकिन ज़िंदा कैसे रहना है, क्या यह मेरे हाथ नहीं ? क्यों मैं मरने के पहले मरूँगा ? रोने से क्या होगा, मैनें रानी से अभी–अभी यही तो कहा था। नहीं, मैं नहीं रोऊँगा। मैं उठता हूँ। हाँ। (खड़े होकर) पोद्दार, ओ पोद्दार, पोद्दार सुनो ऽऽऽ––

पोद्दारः (मंच पर प्रवेश करते हुए) जी बाबूजी।

प्रेमचंदः याद है निगम जी ने तीन साल पहले किसी 'मारवाड़ी स्कूल' के लिए लिखा था ?

पोद्दारः हाँ।

प्रेमचंदः मैं इस जीवन से संतुष्ट नहीं। कानपुर में गणेश शंकर विद्यार्थी से मिला था। वे बता रहे थे कि 'मारवाड़ी स्कूल' एक 'राष्ट्रीय स्कूल' है। पता है वहाँ हेडमास्टर की जरूरत है ?

पोद्दारः हाँ पता है। तो ?

प्रेमचंदः तो क्या पोद्दार जी, हम उस पद को स्वीकार करेंगे। 'चौरी–चौरा काण्ड' के कारण आंदोलन तो स्थगित हो ही गया है।

पोद्दारः पर अभी – अभी तो ––, क्या भाभी को पीड़ा नहीं होगी ?

प्रेमचंदः हाँ सही। होगी तो। रानी ओ रानी, रानी सुनो तो–––(शिवरानी गीली आँखों से प्रवेश करती है) पता है रानी शोक को अधिक देर ओढ़ने से क्या होता है ? आदमी पत्थर हो जाता है। अपने आँसू पोंछो और जीवन को दिशा दो। मैंने तो 'मारवाडी स्कूल' में हेडमास्टरी करने का मन बना लिया है।

शिवरानीः पर अभी तो हमारा बच्चा –––

प्रेमचंदः आओ रानी फख्र उस पर करते हैं जो है। आपका बेटा श्रीपतिराय मतलब धुन्नू है वही वर्तमान है और भविष्य तो किसने देखा है ? बोलो। (शरारती अंदाज से) वैसे अगले वाले का नाम धुन्नू और मून्नू से मिलता जुलता ही रख लेंगें।
क्यों रानी ?

पोद्दारः मैं सुझाव दूँ ? 'बुन्नू' कैसा रहेगा ?

प्रेमचंदः बुन्नू! हाँ पोद्दार जी। सही कहा आपने। चलो मैं आता हूँ।
(ज्योंही प्रेमचंद मंच से बाहर निकलने वाले होते हैं दो आदमी प्रवेश करते हैं। दोनों ने मुस्लिम–टोपी पहन रखी हैं। दोनों कोने में खड़े–खड़े आपस में फुसफुसाने लगते हैं।)

पहला मुस्लिमः पहले पक्का तो कर लें ज़नाब।

दूसरा मुस्लिमः (प्रेमचंद के पास जाकर) आप तो नवाब राय हैं मगर हमें बताया गया है कि प्रेमचंद भी यहीं रहता है।

प्रेमचंदः 'नवाबराय ' और 'प्रेमचंद' एक जान और दो क़ल्ब का दर्जा रखते हैं और इन नामों के पर्दे में मुंशी धनपत राय साहब भी जलवा अफ़रोज रखते हैं। जो नवाब राय थे वे बी.ए. नहीं थे मगर प्रेमचंद, प्रेमचंद तो इलाहाबाद यूनिवर्सिटी से ग्रेजुएट हैं।(हँसते हैं)

पहला आदमीः आदमी एक और तीन–तीन नाम! ऐसी क्या ग़रज़ आ पड़ी थी ?

प्रेमचंदः हालात और वक्त की नज़ाकत। वो छोड़िये। आप कौन हैं ?

दूसरा आदमीः (तैश में) अजी छोड़िए तो आप। सुनिए। 'ज़माना' में 'कर्बला' ड्रामा धारावाही रूप में छप रहा है। यह क्या बेहुदा हिमाकत कर रहे हैं ? क्या मंशा है ?

प्रेमचंदः मंशा बाद में बताते हैं, पहले आपका एतराज बताइए। मैं इस्तकबाल करता हूँ।

दूसरा आदमीः हमारा खून खौल रहा है और आप महज़ एतराज की बात कर रहें हैं! शिया हजरात को यह ड्रामा पसंद नहीं आ रहा है। आप 'कर्बला' के बारे में जानते हैं क्या ?

प्रेमचंदः बिना जाने मैं एक अल्फाज़ नहीं लिखता। जहाँ तक 'कर्बला' नाटक की बात है, इसमें उस इस्लामी घटना का वर्णन है जब हज़रत मुहम्मद के नवासे हज़रत हुसैन तथा उनके कुटुम्बी कर्बला के मैदान में निर्दयता के साथ मारे गए थे। इस ऐतिहासिक घटना को नाटक में लिखा है या यों कहें कि इस्लामी इतिहास को हिंदी में लिखा है, बस।

पहला आदमीः कान खोल कर सुन लीजिऐ कि शिया हजरात यह पसंद नहीं कर सकते कि उनके किसी पेशवा का ड्रामा तैयार किया जाए।

प्रेमचंदः आप दोनों भी अपने–अपने कानों को खोल कर सुन कर बताइये कि जब शिया हजरात अगर मज़हबी पेशवा की मसनवी पढ़ते हैं, अफ़साने पढ़ते हैं, मर्सिये सुनते और पढ़ते हैं, तो उन्हें ड्रामा से क्यों एतराज है? क्या इसीलिए कि एक हिंदू ने लिखा है ? चुप क्यों हो ? ख्वाजा हसन नज़ामी ने भगवान कृष्ण पर एक पुस्तक लिखी। मैं बहुत खुश हुआ। जिस प्रकार एक मुस्लिम ने एक हिंदू महापुरुष को मुसलमानों के सामने रखने का प्रयास किया है उसी प्रकार मैनें भी मुस्लिम इतिहास को हिंदुओं के

सामने रखा। हिंदू–मुस्लिम एकता की दिशा में कोई भी कदम उठाया जाए तो मैं बड़ा ही प्रसन्न होता हूँ। ऐसा उस हर शख्स को करना चाहिए जो हिंदुस्तान से प्रेम करता है। बोलो सही है या गलत ? अरे खींसे क्यों निपोर रहे हो ?

दूसरा आदमीः अऽ, हाँ सुनो, बेवज़ह की तकरीरें मत करो। किसी हिंदू की जुबान व क़लम से मज़हबी इमाम की तौहीन कबूल नहीं होगी।

प्रेमचंदः देखो भाई यह नाटक तारीखी होने के साथ –साथ पॉलिटिकल भी है। इसे मज़हबी रूप नहीं देना चाहिए। एक बात याद रखें, ड्रामे दो किस्म के होते हैं। एक कुरआत के लिए, एक स्टेज के लिए। यह ड्रामा महज़ पढ़ने के लिए लिखा गया है, खेलने के लिए नहीं।

दूसरा आदमीः कुछ भी हो मगर जो तुमने किया वह निहायत ही दण्डनीय। हम देख लेंगे।

प्रेमचंदः कभी भी। नमस्ते।

पहला आदमीः (मंच से बाहर जाते–जाते बोलकर जाता हैं।) हल्के में मत लेना।

पोद्दारः यह सब क्या है बाबूजी ?

प्रेमचंदः ज़िंदा रहने की कीमत।

पोद्दारः नाटक तो आपने पहले भी लिखा था 'संग्राम'। उस पर तो इतना हंगाामा नहीं हुआ था।

प्रेमचंदः 'संग्राम' पर भी हुआ था हंगामा लेकिन अलग तरीके का। अनेक लोगों ने कहा था कि 'प्रेमाश्रम' लिख दिया था तो यह नाटक क्यों लिखा? उनको लगता है कि दोनों बहुत मिलते–जुलते हैं। एक बात बताऊँ पोद्दार जी, नाटक लिखना बच्चों का खेल नहीं है। खूने – ज़िगर पीना पड़ता है। मेरे ख्याल में एक नाटक लिखने के लिए पाँच साल का समय भी काफी नहीं। अच्छा नाटक एक ज़िंदगी में एक ही लिखा जाता है। कलम घिसाई अलग मुद्दा है। मैनें अनेक देशों के नाटक पढ़े पर किसी में हास्य नहीं, किसी में भाषा नहीं, किसी में भाव नहीं, किसी में सभी कुछ है तो गान नहीं। जब तक नाटक में भाषा, भाव, हास्य और गान नहीं है तो वो नाटक नहीं माना जा सकता है। इस मापदण्ड पर 'संग्राम' शायद ही खरा उतरे। खैर, रानी जाओ, आराम करो। आओ पोद्दार हम चलते हैं।

शिवरानीः अभी कहाँ चल दिए ?

प्रेमचंदः 'मारवाड़ी स्कूल' के मैनेजर काशीनाथ जी से मिल आता हूँ। सुना है बड़े देशभक्त और सहानुभूतिपूर्ण व्यक्ति है।

(शिवरानी देवी के अन्दर जाने के बाद दोनों बाहर चले जाते हैं। पर्दा गिरता है।)

द्वादश दृश्य

(मंच पर निगम का प्रवेश होता है। प्रेमचंद को आवाज लगाते हैं और वहीं चटाई पर बैठ जाते हैं। जिस दिशा से निगम का प्रवेश होता है, उसी दिशा से परिपक्व अवस्था वाले प्रेमचंद का भी प्रवेश होता है। मँझोला कद तो है ही, दुर्बल देह, गेहुँआ किन्तु झमाया रंग, बेसँवरे बाल, खुला सिर, खद्दर का कुर्ता, थोड़ी ऊँची धोती और चप्पल,आयु लगभग पैंतालीस–पचास के प्रेमचंद निगम को देखकर खुश होते हैं।)

निगमः सुस्वागतम्, प्रेमचंद बनाम 'उपन्यास सम्राट'। अतिथि के द्वारा गृहस्वामी का इस प्रकार से स्वागत करना भी सौभाग्यशाली विषय है। आपके बालों पर श्वेत –वर्ण आ जाने का अर्थ हुआ कि अब आप वरिष्ठ लेखक हो गए हैं। (खिलखिलाकर हँसते हैं।)

प्रेमचंदः वरिष्ठ नहीं विपन्न समझिए। अभी तो लेखक ही बनना बाकी है और 'उपन्यास सम्राट' कहलवाना तो मुझे बिल्कुल पसन्द नहीं। मैं कसम खा सकता हूँ कि मैंने इस उपाधि की कभी अभिलाषा नहीं की थी। यदि 'साहित्य– पाठक' महोदय किसी तरह से मुझे इस विपत्ति से बचा दें तो मैं उनका एहसान मानूँगा। यह आप ही का घर है। कब पधारे ? आने के बारे में कोई खत नहीं है। नाश्ता वगैरह कुछ लिया? अभी तो आए ही लगते हो। रानी ओ रानी–––

निगमः क्या हो गया है प्रेमचंद ? दुर्बल कैसे हो ? परेशान कैसे –– (तभी माथे पर पल्लू रखे शिवरानी का प्रवेश होता है। निगम के पैर छूती है।) सौभाग्यवती भवः।

प्रेमचंदः दुर्बल स्वास्थ्य है निगम साहब। रानी जलपान की व्यवस्था कर पाओगी ?

निगमः जलपान तो होता ही रहेगा, पहले महत्वपूर्ण समाचार सुनो। बधाई। इलाहाबाद की 'हिंदुस्तानी एकेडेमी' की स्थापना लखनऊ में हो गई है। इसमें कौंसिल के पैंतीस सदस्यों में शिक्षामंत्री रायराजेश्वर बली, बनारस और अलीगढ़ यूनिवर्सिटियों के वॉइस चांसलर के साथ–साथ और कौन विभूति है, जानती

हो शिवरानी ? नहीं ? मैं बताता हूँ। वो विभूति है बाबू धनपतराय साहब, उर्फ प्रेमचंद। इस समारोह में इन्हें इक्कीस मार्च को लखनऊ में उपस्थित होना है। अभी से ही इनकी पगड़ी और अचकन तैयार करवा देना। एक हेडलाइन में आने वाला समाचार और सुनो प्रेमचंद। (खड़े होकर) यह एकेडेमी तुम्हारे द्वारा लिखे गए उपन्यास 'रंगभूमि' पर पाँच सौ रूपये पुरस्कार के तौर पर दे रही है।

प्रेमचंदः मैं पुरस्कार सहर्ष स्वीकारता हूँ लेकिन मेरा यह मत है कि एकेडेमी की कमेटी में हर भाषा का एक–एक लेखक होना चाहिए।

निगमः इससे क्या होगा ?

प्रेमचंदः इससे साहित्य की उन्नति भी होती है और साथ–साथ लेखकों का भी विकास होता है। नए लेखकों को उनके गुण–दोष बताने वाला कोई तो हो, सभी 'ठीक है' कह भर देते हैं। इससे प्रकाशक ही अपना पेट भर लेते हैं और न तो साहित्य का और न ही लेखकों का विकास हो पाता है। इस प्रकार से नहीं होगा तो साहित्य, समाज और राजनीति अलग–अलग ही रहेंगे।

शिवरानीः आप क्या इन तीनों को एक साथ लाना चाहते हैं ?

प्रेमचंदः ये तीनों जब आपस में जुड़ जाते हैं तो माला का रूप धारण कर लेते हैं। देखो जहाँ साहित्य की भाषा अच्छी होगी तो वहाँ का समाज भी अच्छा होगा और मज़बूरन राजनीति को भी अच्छा ही होना पड़ता है। इन तीनों का उद्देश्य भी एक ही है।

शिवरानी – ये बातें बड़े–बड़े लोगों के दिमाग में आए तो बात बने।

प्रेमचंदः उनका ध्यान गरीबों की समस्याओं की ओर कब जाता है ? जब तक उन पर गुजरेगी नहीं, स्थिति सुधरेगी नहीं। सुधारने के लिए साहित्य ही बड़ा माध्यम है।

शिवरानीः मुझे तो आप एक बात बता दीजिए। क्या रस्मों–रवायतों को खंडित करना ही साहित्य का लक्ष्य है ? क्यों भाई साहब आप क्या कहेंगे ?

निगमः बिना कारण तो तुम कोई बात कहोगी नहीं। आखिर बात क्या है शिवरानी ?

प्रेमचंदः ज्यादा तो कुछ नहीं, कमला का विवाह याद आ गया था ?

निगमः बताओ। क्या हुआ था ?

शिवरानीः आप ही बताओ कि कौन पिता होगा जो अपनी बेटी के कन्यादान से भी इन्कार कर दे ? ये ऐसे पिता हैं जिन्होंने द्वार–पूजा की रस्म भी स्वयं नहीं की। मैं झूठ बोल रही हूँ तो पूछिए इनसे।

निगमः कन्यादान नहीं किया ? भला क्यों ?

प्रेमचंदः कैसा दान ? दान किसका दिया जाता है ? बेजान चीजों का। जानकार चीजों में केवल गाय ही तो दान दी जाती है। फिर लड़की का कैसा दान ? आप बताइए लड़की बेजान है या गाय ? मुझे समाज से यही तो 'गिला' है।

शिवरानीः कैसा गिला ? बेटी की चिंता क्या एक पिता को नहीं होनी चाहिए ? समाज में बेटी के प्रति कितना छल–प्रपंच हो रहा है देख नहीं रहे या आँखें नहीं खुली ? दहेज के नाम पर जिद पकड़ ली और बैठ गए। 'कानी–कौड़ी नहीं देंगे, चाहे आजीवन कुँआरी बैठी रहे।' भाईसाहब वहाँ भी इनका 'आदर्शवाद' आ धमका। जहाँ–जहाँ रिश्ते के लिए संदेश भिजवाया, दहेज का प्रश्न उठ खड़ा हुआ। आप महाशय ने तो प्रत्येक स्तर पर टाँग अड़ाई। ऐसे करते – करते पूरे सत्रह साल की हो गई थी कमला।

प्रेमचंदः दहेज–प्रथा निंदनीय है निगम साहब। अगर यह रस्म है तो इसे निरर्थक मानता हूँ। रूपये देने की क्या आवश्यकता है ? जब तक लड़कों की तरह लड़कियों को भी शिक्षा और आजीविका का अधिकार नहीं मिलेगा, तब तक तो यह कुप्रथा विदा नहीं होगी।

शिवरानीः इधर देखिए मेरी तरफ, कुप्रथा विदा होगी या नहीं लेकिन यह कौनसा तरीका है कि बरात द्वार पर खड़ी है और यहाँ बात– बात पर शास्त्रार्थ चल रहा है। यह क्यों, वह क्यों ? नाक में दम कर दिया था।

प्रेमचंदः मैंने कुछ नहीं किया भाईसाहब, यह तो––

शिवरानीः 'यह तो वो तो' क्या ? मेरा मुँह मत खुलवाओ। भाईसाहब आधी रात का मुहुर्त था तो प्रथा के अनुसार व्रत रखना ही था। मेरे व्रत रखने पर भी महोदय महाभारत करने लगे। मैंने पूछा बात क्या हुई तो बोलते हैं व्रत रखने की कोई जरूरत नहीं है। मैंने पूछा, क्यों, तो फरमाते हैं कि जब लड़के के माता– पिता व्रत नहीं रखते, जब लड़का तक व्रत नहीं रखता है तो कन्या वाले ही क्यों व्रत रखें ?

यहाँ तक कि मैं और पूरा खानदान मना करता रहा लेकिन क्या आपने नाश्ता किया, भोजन भी किया ?

निगमः ओह, फिर ?

प्रेमचंदः निगम साहब, आप भी मजे ले रहे हो ?

निगमः (चुप रहने का इशारा करते हुए) हाँ शिवरानी फिर, फिर क्या हुआ ?

शिवरानीः फिर क्या भाई साहब, समझाती ही रह गई। पुरानी प्रथा है, वेदकाल से चली आ रही है, शास्त्रों में इसकी व्यवस्था है। मैं क्या रिश्तेदार समझा रहे थे, पंडित समझा रहे थे लेकिन आपके कान पर जूँ तक नहीं रेंगी। मैं हाथ जोड़ती रही, पैर पड़ती रही लेकिन आप मण्डप के नीचे न गए।

निगमः (हँसते हुए) अच्छा ?

शिवरानीः और मजे की बात यह है कि आपने ही अनर्थ किया और आप ही मुझसे रूठ गए। विवाह के पश्चात महीनों बोल–चाल बंद रही। झक मार कर मुझे ही मनाना पड़ा।

प्रेमचंदः निगम साहब, हम इन कुरीतियों में ही इतने उलझ गए हैं कि हमारा निजी वर्चस्व ही समाप्त हो गया है। इन कमजोरियों ने ही तो देश को गुलाम बनाया है।

निगमः यह एक ही तो कारण नहीं है प्रेमचंद ?

प्रेमचंदः हाँ मानता हूँ और भी हैं। कल 'माधुरी' के ऑफिस में बात चल रही थी, वॉयसराय आने वाले हैं, चालीस हजार की आतिशबाजी और रोशनी होगी।

शिवरानीः हाँ तो ?

प्रेमचंदः विपन्नों का घर फूँक कर तमाशा देखा जाएगा और हम लोग भी आँखें सेक लेंगे। मैं आहें भर लूँगा और अपनी बेहयाई की हँसी में शायद हँस भी लूँगा। इससे आगे अपना वश ही क्या है ?

शिवरानीः वो रकम तो राजा महाराजाओं की होगी ?

प्रेमचंदः यह की आपने समझदारों की बात। वाह। अरे रानी, (तैश में) वो रकम हमारे यहाँ के काश्तकारों से वसूली जाती है। काश्तकारों की खून की कमाई को कूड़ा – घास की तरह आतिशबाजी में फूँक दी जाती है। मुझे इस बात का उत्तर दीजिए निगम साहब कि जिस मुल्क के आदमी की औसत कमाई छः पैसे रोज हो उस मुल्क में किसी को क्या अधिकार है कि एक–एक शहर में चालीस–चालीस, पचास– पचास हजार रुपए आतिशबाजी में फूँका जाए। जहाँ पर तन ढँकने का कपड़ा नहीं, दो जून की रोटियाँ भी नहीं मिले, उस मुल्क में इस बेरहमी से पैसा फूँका जाए और इसीलिए कि वॉयसराय साहब खुश होंगे और इन मोटे आदमियों को खिताब देंगे।

शिवरानीः यदि काश्तकार इन मोटे आदमियों को पैसे ही नहीं दें तो ये उनको खा जाएंगे, हैं ना ? जब उन्हें हर हाल में मरना ही है तो कुछ करके क्यों नहीं मरें ?

प्रेमचंदः (शांत होकर) यहाँ अस्सी प्रतिशत काश्तकार हैं। बीस प्रतिशत लोगों में पढ़े–लिखे, मालदार, रोजगारी और बाकी शेष हैं। अगर इनमें इतनी ही शक्ति और बुद्धि होती तो मुठ्ठी भर अंग्रेज हमारे देश में डेढ़ सौ साल से राज्य नहीं कर रहे होते।

शिवरानीः तो क्या सारे निकम्मे हैं ?

प्रेमचंदः हाँ निकम्मे हैं और राष्ट्र के लिए तैयार भी नहीं हैं।

निगमः लेकिन प्रेमचंद ये सभी तो खुश लगते हैं, कोई आँसू तो नहीं बहा रहा है। क्या ये लोग तैयार होंगे ?

प्रेमचंदः तो इसके मानी है कि हममें इतनी जड़ता आ गई है कि अब उनका दर्द भी महसूस नहीं करते।

निगमः तो क्या मर्ज लाइलाज है ?

प्रेमचंदः जब इंसान खुद मरने के लिए तैयार हो जाता है, तभी उसमें किसी दूसरे को मारने की क्षमता और शक्ति आती है। मरता क्या न करता ?

शिवरानी – चलो मान भी लें स्वराज्य आ जाएगा, तब यह शोषण बंद हो जाएगा ?

प्रेमचंदः थोड़ा तो रहेगा ही क्योंकि शहज़ोर, कमज़ोर को हर जगह ही चूसता है। रूस में तो गरीबों को बड़ा आनंद हो गया है।

शिवरानीः कैसे ?

प्रेमचंदः रूस में मोटे साहूकारों या बड़े लोगों को मार–मार कर दुरुस्त कर दिया गया है। शायद यहाँ भी कुछ दिनों बाद रूस जैसा हो।

शिवरानीः तब लेखक प्रेमचंद किसका साथ देंगे ?

प्रेमचंदः निस्संदेह मजदूरों और किसानों का। मैं तो सभी को बता चुका हूँ कि प्रेमचंद भी मजदूर ही तो है। दबाव देकर कहना चाहूँगा कि मजदूर और प्रेमचंद दोनों बराबर ही है। वे फावड़ा चलाते हैं और प्रेमचंद कलम। (मृदुल हँसी)

शिवरानीः एक लेखक भला कर ही क्या सकता है ?

प्रेमचंदः वाह जी वाह! लेखक क्या नहीं कर सकता, जरा रूस को देखो। क्या रूस में लेखक नहीं हैं ? वहाँ की क्रांति का अभिन्न हिस्सा है 'लेखक' लेकिन वहाँ के लेखक और यहाँ के लेखकों के हालातों में बड़ा अंतर है। वहाँ के लेखकों के हाल अच्छे ही नहीं कई गुना अच्छे हैं। यहाँ भी एक लेखक ही है जो रूस वाली शक्ति लोगों में भरेगा। बशर्ते–––

निगमः बशर्ते––

प्रेमचंदः बशर्ते आप जैसे लोग लाने देंगे तब।

निगमः अब हमसे क्यों रुष्ट हो गए ?

प्रेमचंदः माफ कीजिए लेकिन जाकर 'ज़माना' का माह नवम्बर वाला परचा ज़रूर देखिए।

निगमः अब बिल मेरे नाम क्यों फाड़ रहे हो? क्या त्रुटि हो गई ?

प्रेमचंदः एक पूरा अंक आपने 'आतिश' की कविता और उसकी आलोचना से भर दिया। क्या यही

सम्पादक के कर्तव्य की उच्च भावना है ? आपसे यह आशा नहीं थी। क्या आपका सामाजिक, राजनीतिक जिम्मा नहीं रहा ?

निगमः भाई वो तो ठीक है लेकिन तुम भी तो 'माधुरी' में हो। यह जिम्मा तुम 'माधुरी' में क्यों नहीं निभा पा रहे हो ?

प्रेमचंदः वही तो। 'माधुरी' में अपनी मनमानी नहीं कर सकता, मुझे यही तो अफसोस है लेकिन मैं अटल – विचार बना चुका हूँ।

शिवरानीः (चौंक कर) अब कौनसी पहाड़ी से कूदोगे ?

प्रेमचंदः सोच लिया। एक साहित्यिक और राजनीतिक पत्रिका निकालूँगा। (निगम और शिवरानी एक साथ चौंकते हैं)

शिवरानीः हैं! अभी तो अरबों में खेल रहे हो जैसे, पहले का कर्ज़ा तो उतार लेते।

प्रेमचंदः मैंने सोच लिया। कविवर जयशंकर प्रसाद ने तो इसके लिए न सिर्फ प्रोत्साहन दिया है बल्कि नाम भी बता दिया है।

निगमः नाम ?

प्रेमचंदः 'हंस'। इसे नए ढंग से चलायेंगे।

निगमः स्वयं सम्भालोगे ?

प्रेमचंदः मैनेजर रखा है। प्रसादी लाल वर्मा।

निगमः (हँसते हुए) 'हंस' को भी काम पर लगाओगे ? भला किस काम पर लगाओगे ? (शिवरानी भी हँसती है।)

प्रेमचंदः मेरे हंस पर हँस लो। श्री राम शर्मा ने भी यही पूछा था। मैंने उनको बताया कि मैं स्वयं देहाती हूँ तो मुझे देहाती –साहित्य सेवा, सम्पादन कार्य करने और देहातियों से मिल–जुलकर बैठने

का अवसर 'हंस' देगा। 'हंस' मानसरोवर की शांति छोड़कर अपनी नन्हीं– सी चोंच में चुटकी भर मिट्टी लिये हुए आजादी की जंग में योग देने चला है। उधर गाँधी जी ने भी नमक–सत्याग्रह प्रारम्भ किया है और इधर 'हंस' भी समुद्र पाटने के लिए उड़ चला है।

शिवरानीः इस आधार पर तो मान लीजिए भाई साहब कि इनका तो जेल जाने का समय नजदीक आ गया।

प्रेमचंदः रानी, डरने का तुच्छ – कार्य तुम ही करो पर मुझे तो कोई नहीं डरा सकता।

शिवरानीः साहब चिंता केवल आपकी गिरती सेहत की है। डर इस बात का है कि अगर आप जेल चले गए तो ––– ख्याल मात्र ही सिहरा देता है।

प्रेमचंदः अरे! रानी भावुक नहीं होते हैं।

शिवरानीः जेल तो आपके पहले मैं ही जाऊँगी, समझे ?

प्रेमचंदः पक्का, लेकिन ऊपर जाने वाली बाजी में तो मैं ही जीतूँगा। समझी ?

शिवरानीः (खींझते हुए) मुझे बात ही नहीं करनी आपसे। भाईसाहब आप समझाओ ना इनको। कोई ऐसे भी बोल सकता है क्या ?
(सुबकते हुए मंच से बाहर चली जाती है।)

निगमः तुमने तो शिवरानी को क्रोधित कर दिया। अच्छा चलता हूँ। स्वास्थ्य का पूर्ण ध्यान रखना। 'हंस' के लिए शुभेच्छाएं। (निगम के मंच से बाहर निकलते ही प्रेमचंद भी शिवरानी को आवाज़ लगाते हैं।)

प्रेमचंदः (प्रेम–भाव से) रानी, आओ तो सही। सुनो बाहर जा रहा हूँ। ढेरों तैयारियाँ भी तो करनी है।

शिवरानीः (प्रवेश करती हुई) यह तो मुझे पता है कि ठानने के बाद करोगे तो वही जो ठाना है। (दूसरी तरफ मुँह फेर लेती है। प्रेमचंद मंच से चले जाते हैं।) मुझे क्या ? मनमर्जी ही तो की है, कभी किसी की सुनी है जो अब––(मुड़कर देखती है तो कुढ़ जाती है।)
आखिरकार ये अपने आप को समझते क्या हैं ? ये जिस राह पर चलना चाहते हैं, जरूर जेल जाएंगे,

पर इनकी तबीयत को देखते हुए तो लगता है कि यदि ऐसा हुआ तो ––, नहीं, मैं इनको जेल नहीं जाने दूँगी, इसके लिए मुझे ही जेल जाना होगा, लेकिन इनसे पहले। (बुदबुदाती हुई मंच से बाहर चली जाती है। पर्दा गिर जाता है।)

त्रयोदश दृश्य

(पके बालों वाले प्रेमचन्द का कुछ गुनगुनाते हुए प्रवेश होता है।)

प्रेमचंद– 'जिस खेत से दहकान को मयस्सर न हो रोटी, उस खेत के हर खेश – ए– गंदुम को जला दो।' (नीचे रखी चटाई पर कुछ लिखने के लिए बैठने ही वाले होते हैं कि पीछे से बालक अमृत का स्वर उभरता है।)

अमृत– बाबूजी आप शायरी भी कर रहे हो आजकल ?

प्रेमचंद– (सिर पर हाथ फेरते हुए बड़े ही लाड से) बुन्नूऽऽ! नहीं मेरे बेटे। अभी जो मैंने गुनगुनाया वो तो 'अल्लामा इकबाल' का शेर है। यह शेर मुझे बड़ा पसंद है। चलो मैं तुम्हें इसके मायने समझाता हूँ। समझना चाहोगे ?

अमृत – क्यों नहीं ?

प्रेमचंद– 'दहकान' का मायना है 'किसान' तो इस लिहाज से शेर का अर्थ यों हुआ 'जिस खेत से खुद किसान को रोटी नसीब न हो, उस खेत की गेहूँ की हर बाली को जला दो।' समझे ? (चटाई पर औंधा लेटकर लिखना शुरू करते हैं।)

अमृत– अऽ हाँ, थोड़ा–सा। लगता है माँ आ गई।

प्रेमचंदः (कान लगाकर सुनते हुए) आवाज़ तो किसी मर्द के पदचाप की है। देखना तो बून्नू। (तभी मंच के एक तरफ से मोटा चश्मा लगाए पुरुष का प्रवेश होता है। सीधे होकर देखते हैं।) तुम! मुल्तान जेल से कब छूटे? अंदर आओ, बुन्नू प्रणाम करो भाई। तुम्हें देखकर आनंद आ गया, आनंदी लाल।

आनंदी लालः खुश रहो अमृत। आप भी मेरा प्रणाम स्वीकार कीजिए, प्रणाम। लगता है, आनंद तो बंबई में आपने भी खूब किए ?

प्रेमचंदः जैनेन्द्र, तुम यह गलत बात कर रहे हो। जब बंबई की उस फिल्म कम्पनी ने पहली बार मुझे तार भेजा था, उसी दिन मैंने तुम्हें बता दिया था, सलाह भी माँगी थी। तुम मुझे यूँ ही उपालम्भ दे रहे हो!

आनंदी लालः भला मैं कब से सलाह देने के योग्य हो गया और उपालम्भ की तो हिमाकत ही नहीं कर सकता। वैसे प्रसाद जी ने तो सलाह दी थी कि आप बंबई न जाए।

प्रेमचंदः लेकिन भाई, मेरे जीवन की चिर–संगिनी 'दरिद्रता' कहती थी कि 'चले जाओ' और मैं चला गया। (खुल कर हँसते हैं।) दरिद्रता––हा हा हा। सात – आठ सौ वेतन मिलेगा, यही सोच कर चला गया था।

आनंदी लालः तो फिल्म और आप में पटी ?

प्रेमचंदः (हँसते हैं) कहाँ ? जिन इरादों से गया था उनमें से एक भी पूरा नहीं हुआ। भाई प्रोड्यूसर की लीक अलग होती है, वो उस लीक से जौ भर भी नहीं हट सकता।

आनंदी लालः व्यावसायिकता है।

प्रेमचंदः नहीं, वे लोग तो 'वल्गेरिटी' को 'एन्टरटेनमेंट– वेल्यु' कहते हैं।

आनंदी लालः फिर भी आप तो वहाँ समय गुजार आए।

प्रेमचंदः हाँ, समय तो गुजारा भाई लेकिन राहत यह है कि 'मजदूर' बन गई। तुमने देखी ? तुम्हें तो यह फिल्म पसंद ही नहीं आई होगी ?

आनंदी लालः देखी। साथ में आप को भी देखा।

प्रेमचंदः हाँ, मै भी उसमें थोड़ा सा हूँ, नहीं के बराबर।

आनंदी लालः वहाँ आपकी टकराहट तो हुई होगी ?

प्रेमचंदः भला क्यों नहीं होगी! (हँसते हैं) यह बात मुझे बहुत समय बाद समझ में आई कि फिल्म

में डायरेक्टर ही सब कुछ है, उसके राज्य में किसी की हुकूमत नहीं चल सकती, चाहे कोई 'कलम का बादशाह' ही क्यों न हो। मैं तो वैसे भी ---

आनंदी लाल: 'कलम का मजदूर', है ना ? (हँसते हैं) क्यों बेटा, बाबूजी के बारे में आप क्या सोचते हैं ?

अमृत: ऐसा मुझे नहीं लगता। मैं तो इनको दिन भर धाँय – धाँय करते ही देखता रहता हूँ। ये कलम नहीं चलाते, ऐसा लगता है जैसे बंदूक से गोलियाँ चला रहे हो।

आनंदी लाल: मतलब ?

अमृत: मुझे तो ये 'कलम के सिपाही' लगते हैं।

प्रेमचंद: अरे वाह बुन्नू।

आनंदी लाल: एकदम सटीक। वैसे डायरेक्टर जानता है कि जनता क्या चाहती है। वे जनता की इसलाह करने के लिए नहीं होते हैं। फिल्में उनका व्यवसाय है।

प्रेमचंद: हाँ तो हमने भी कह दिया था कि अच्छा साहब, हमारा सलाम लीजिए। हम घर जाते हैं। मैं वहाँ अधिक नहीं रुक सकता था। मैं जो भी प्लान करता, वे कहते, 'एन्टरटेनमेन्ट वेल्यू' नहीं है।' कितनी ही कोशिश करता लेकिन कहीं न कहीं से आदर्शवाद घुस जाता। (हँसते हैं।)

आनंदी लाल: लेकिन नए दोस्त तो बन ही गए होंगे ?

प्रेमचंद: मेरा जीवन वहाँ भी वैसा ही था जैसा काशी में है। न किसी से दोस्ती न किसी से मुलाकात। मुल्ला की दौड़ मस्जिद। स्टूडियो गए, घर आए। कभी – कभी हिंदी के दो चार प्रेमी आ जाते थे बस।

आनंदी लाल: (रुक कर) तो अब ?

प्रेमचंद: देखो, आ गया हूँ उसी पुराने ढर्रे पर या कहूँ पुराने अड्डे पर। यहाँ धन भले ही न हो, संतोष बहुत है।' गोदान' के अंतिम पृष्ठ बाक़ी हैं, बस इसी में ही रम रहा हूँ।

आनंदी लाल: बेहद कमज़ोर लग रहे हैं लेकिन सुना था कि इसके बावजूद भी आप बिना नागा काम

करते हैं। क्या यह सच है ?

प्रेमचंदः हाँ, सवेरे के कुछ घंटे में तो काम करता ही हूँ। मेरी छोड़ो, अपनी सुनाओ। आगे क्या योजना है?

आनंदी लालः (नीचे बैठते हुए) ज्यादा विशेष नहीं। शांति निकेतन जा रहा हूँ, आप चलेंगे ? साथ चलते हैं।

प्रेमचंदः हाँ मैं भी उस स्वर्ग की सैर अवश्य ही करना चाहूँगा लेकिन यहाँ हालात ठीक नही। मैं वहाँ स्वर्ग में और यहाँ घर के लोग तकलीफ में दिन काटे, क्या यह मेरे लिए ठीक है ? सबको मैं साथ ले लूँ इतने पैसे कहाँ है ?

आनंदी लालः हम्म..... लेकिन महाकवि से मिलकर आप बहुत खुश होंगे।

प्रेमचंदः जैनेन्द्र, महाकवि रविन्द्र नाथ तो यहाँ भी हैं।

आनंदी लालः मतलब ?

प्रेमचंदः अरे भाई, वे अपनी रचनाओं द्वारा हमें यहाँ भी प्राप्त हैं। क्या मैं उन्हें वहाँ अधिक पाऊँगा? (हँसते हैं।)

आनंदी लालः लेकिन शांतिनिकेतन भी आपको चाहता है।

प्रेमचंदः यह ठीक है लेकिन मैं यहीं पड़ा हूँ, तुम जाओ।

आनंदी लालः हाँ मैं तो जाऊँगा।

प्रेमचंदः जैनेन्द्र, ज़रुर ज़रूर जाओ। मैं तो खुद ही कहने वाला था कि तुम्हें जाना चाहिए। ज़वान और बूढ़े में यही तो फ़र्क है। (हँसते हैं।)

आनंदी लालः वैसे घर की चिंता में आप अधिक ही डूबे हुए से लगते हैं। चेहरे पर हँसी तो हैं लेकिन चिंता घुली हुई। वज़ह ? वैसे काफी देर से माताजी नज़र नहीं आए। कहाँ हैं ?

प्रेमचंदः जेल में।

आनंदी लालः एंऽऽ

प्रेमचंदः तुम्हारी तरह और संयोग देखिए वो भी आज ही आ रही है।

आनंदी लालः लेकिन जेल में किस कारण से ?

प्रेमचंदः हमारे कारनामे तो तुम जानते ही हो। अंग्रेज मुझे दामाद तो बनाते नहीं। वो जानती है कि हमें जेल पक्की होगी।
उनको चिंता है कि यदि हम जेल गए तो खराब सेहत की वज़ह से वापिस ही नहीं आएंगे। इसलिए हमें यहाँ कैद करके––

आनंदी लालः वो चली गई ?

प्रेमचंदः हाँ। मैं जेल नहीं चला जाऊँ, उससे पहले ही महिला–मण्डल के साथ वो चली गई।

आनंदी लालः अरे बाप रे बाप! (रुक कर) तो फिर मैं चलता हूँ।

प्रेमचंदः रुको, मिल कर जाना।

आनंदी लालः नहीं, बिल्कुल नहीं। मैं भी जेल से वे भी जेल से। एक घर में दो –दो जेल–वासी! अच्छे नहीं लगेंगे।
चलता हूँ। (आनंदी लाल हँसते हुए बाहर चले जाते हैं। प्रेमचंद फिर लिखना आरम्भ करते हैं। एक क्षण बाद अमृत चौंकता है।)

अमृतः इस बार तो शर्त लगा लीजिए माँ ही है। मैं लेकर आता हूँ। (अमृत भाग कर मंच से बाहर जाता है। प्रेमचंद लिखना छोड़कर सीधे बैठ जाते हैं। अमृत शिवरानी का हाथ थामकर अंदर आता है।) मैंने कहा था ना,माँ ही निकली।

शिवरानीः आप कैसे हैं ? क्या कर रहे थे ?

प्रेमचंदः (आँखों के कोर पोंछते हुए) तुम कैसी हो, मेरी पगली ?

शिवरानीः मैं तो ठीक ही हूँ, लगता है आप लिख रहे थे। बोलिए। आराम नहीं कर रहे थे ? जब से यहाँ आए हो तब से तबीयत के बारह बजे हैं पर दिन–रात लिखना, लिखना बस लिखना। कुछ और दिखाई देता भी है कि नहीं ?

प्रेमचन्दः क्या ?

शिवरानीः बच्चों और हम पर नहीं कर सकते तो अपनी सेहत पर तो रहम कीजिए।

प्रेमचंदः (बुन्नू के कान में जाकर फुसफुसाहट के साथ कहते हैं) ले, आते ही शुरु।

शिवरानीः इधर देखकर बात कीजिए। यह घर देखा ? बुन्नू तू अंदर जा। बाप दिन भर लिखे और सपूत पढ़ने की किताबें भी नहीं पढ़े। जाकर भूगोल पढ़ो।

प्रेमचंदः कुछ मत पढ़ो। जाओ खेलने, शाम को कभी घर मत रहा करो। खेलने दो उसको।
(अमृत चला जाता है।)

शिवरानीः क्या मैं इसकी भी दुश्मन हूँ ? कपड़े कहाँ है ?

प्रेमचंदः कपड़े! कौनसे कपड़े ?

शिवरानीः (प्रेमचंद के पास जाकर कागज़ और कलम छीन लेती है।) मैंने गर्म कपड़े बनाने के लिए पैसे दिए थे।

प्रेमचंदः कौनसे ? हाँ याद आया। अऽऽ हाँ याद तो आया पर कौनसे पैसे ? अच्छा–– अरे हाँ, आ गया याद। वे रूपये ? वे तो मैंने प्रेस के मजदूरों को दे दिए थे। शायद उन लोगों ने कपड़े खरीद लिए होंगे।

शिवरानीः हर बार ऐसा ही क्यों करते हैं आप ? (दूसरी तरफ मुँह फेर कर खड़ी हो जाती है।)

प्रेमचंदः (खड़े होकर शिवरानी के पास जाते हैं। सहज स्वर में कहते हैं।) रानी, जो दिन भर तुम्हारी

प्रेस में काम करे, भूखे मरे और मैं गरम सूट पहनूँ, यह तो शोभा नहीं देता।

शिवरानीः (खीझ कर) मैंने कोई तुम्हारी प्रेस का ठेका नहीं लिया है।

प्रेमचंदः (खिलखिलाकर हँसी) जब तुमने मेरा ठेका ले लिया है, तब मेरा रहा ही क्या है ? सब कुछ तुम्हारा ही तो है।
फिर हम दोनों हैं भी तो एक नाव के यात्री। हमारा कर्तव्य जुदा नहीं हो सकता। जो मेरा है वह भी तुम्हारा है क्योंकि मैंने अपने आपको तुम्हारे हाथों में सौंप दिया है। (असीम प्यार के साथ) तुम पगली हो।

शिवरानीः (मुँह पर आने वाली मुस्कान को छिपाते हुए) मैंने आपसे कहा था कि दो चार कुर्सियाँ ही खरीदकर यहाँ रख दो, पर नहीं। जिस दिन 'काला काँकर' के राजा अवधेश सिंह जी आए थे, साहब आपने उनको भी यहाँ नीचे बिठा दिया। उन लोगों ने क्या सोचा होगा ?

प्रेमचन्दः (नीचे बैठते हुए) उन्होंने कहा था कि मैं उनकी कोठी आऊँ। वो खुद ही चले आए तो मैं क्या करूँ ? मैं भला राजा लोगों के लिए क्या इन्तजाम करूँगा ? मैं तो मजदूर हूँ। मेरी गद्दी तो ज़मीन है। उन लोगों को अच्छा लगे,ऐसा मैं कुछ नहीं कर सकता। बहुत लोगों को तो भरपेट रोटी ही नहीं मिलती और हिंदुस्तान में विलासिता की बात भी हो, मैं यह स्वीकार नहीं कर सकता हूँ। कुर्सी–मेज मँगा लूँ तो तुम कहोगी कालीन चाहिए, फिर नौकरों की चिन्ता। हमें निचले तबके के लोगों को भी एक बार देख लेना चाहिये।

शिवरानीः भगवान सबकी सोचता है। याद है रंगभूमि छप रही थी तो उस समय अलवर रियासत से पत्र आया था। राजा साहब ने आपको सपरिवार वहाँ बुलवाया था, रहने के लिए। तब आपने पत्र का जवाब दिया था कि मैंने जीवन केवल साहित्य–सेवा में लगा दिया है। धन्यवाद आपका। मैं मोटर, बंगला, नौकर, रुपयों के योग्य नहीं हूँ।

प्रेमचन्दः सुनो रानी, भगवान मन का भूत है जो इन्सान को कमज़ोर कर देता है। दुनिया स्वावलम्बी मनुष्य की ही होती है और उन्हीं की रहेगी। अच्छा सुनो तुम्हारी कहानी 'साहस' की लोगों में चर्चा है। पहली ही कहानी 'चाँद' में जा छपवा दी।
भई वाह। उसी अंक में इस गरीब का भी धारावाहिक उपन्यास 'प्रतिज्ञा' का एक हिस्सा छपा है। थोड़ी इनायत कीजियेगा। चाँद' के सम्पादक आर. सहगल जी का बधाई पत्र आया था जिसमें लिखा था कि आपकी देवी नें पुरूषों पर जूता गिरा दिया है । खैर ठीक है। मेरी पागलराम, अच्छा कर रही

हो। मुझे गर्व है। 'माधुरी' पत्रिका के सम्पादक के नाते मेरे पास भी एक पत्र आया था। उसको भी हमेशा ध्यान में रखना।

शिवरानी: पत्र! किस सिलसिले में ?

प्रेमचन्द: मेरे खिलाफ केस दायर किया है। विशेष तो कुछ नहीं पर वो मेरी कहानी है 'मोटेराम शास्त्री', उस पर किसी शास्त्री ने दावा ठोका है। कहते हैं कि कहानी उन पर लिखी है। रोज कचहरी जाना पड़ रहा है।

शिवरानी: माजरा क्या है ? खुल के बताने का कष्ट होगा ?

प्रेमचंद: नहीं होगा। (खुलकर हँसते हैं। शिवरानी देवी फिर मुँह फुलाकर घूम जाती है तो मनाने की कोशिश करते हैं।) सुनो तो सही। मुझ पर एक ऐसा केस चल रहा है जो शायद हिन्दी–साहित्य क्षेत्र का पहला मानहानि केस होगा। मेरी व्यंग्यात्मक कहानी 'मोटेराम शास्त्री' पर लखनऊ के एक वैद्य शालिग्राम शास्त्री ने कृष्ण बिहारी मिश्र और मुझ पर आई. पी. सी. की 500 और 109 धाराओं के अन्तर्गत इज्जत–हतक का दावा दायर किया हैं। हाँ, वारण्ट मिले हैं। 12 अप्रैल को गवाही होनी है।

शिवरानी: क्या होगा ?

प्रेमचंद: कुछ नहीं। मुकदमा तो खारिज होगा। कहानी में तो केवल दकियानूसी वैद्यों का मजाक उड़ाया है। हाँ दो सौ पाँच सौ का मुचलका भरना पड़ सकता है। मैं रुकने वाला नहीं हूँ। मैनें तो इसी नाम से 'सम्पादक मोटेराम शास्त्री 'एक और कहानी लिख दी। इसी क्रम में 'मोटर के छींटें' और 'मोटेराम की डायरी' भी लिख दी।

शिवरानी: जो भी हो वो तुम जानो लेकिन तुमने कहा कि भगवान मन का भूत है। मैं कहना चाह रही हूँ कि ऐसा नहीं है। बिल्कुल भी नहीं है। भगवान मन का आत्मविश्वास है। समझे ?

प्रेमचन्द: तुम एकदम सच मानो, जो भी आज धर्म के नाम पर हो रहा है अंधविश्वास है, यह सब मूर्खों के बहकाने के तरीके हैं। अगर तुम तुम्हारी कहानी के बारे में बात कर रही हो तो मैं बस यही कहूँगा कि पुरुष जाति ने ही स्त्रियों को मूर्खता का पाठ पढ़ाया है।

शिवरानी: पुरुष वर्ग स्वयं मूर्ख है जो स्त्रियों को मूर्ख बनाने चला है। युग के अनुसार स्त्रियों को कभी भी पुरूष ने ही नहीं बदलने दिया।

प्रेमचंद– छोड़ो, सुनो रानी, बात फर्नीचर पर चल रही थी। तुम कितना ही महँगा फर्नीचर मँगवा लो लेकिन मैं तो बैठूँगा नीचे ही।

शिवरानी – आप तो कुछ समझते ही नहीं है। पता नहीं आपसे किस भाषा में बात करूँ ?

प्रेमचंद – तुम किसी भी भाषा में बात करो। इससे मुझे क्या ? मैं तो हिंदुस्तानी में ही लिखता हूँ।

शिवरानी – (सिर पीटते हुए) ओफ्फोह। अच्छा जी, आपके लिखने से ही यहाँ की भाषा हिंदुस्तानी हो गई, है ना ? मैं तो यह कहती हूँ हिंदुस्तान की आम भाषा तो हिंदी होनी चाहिए।

प्रेमचंद – जिसको हिंदू और मुसलमान मानें, वही राष्ट्रभाषा होनी चाहिए।

शिवरानी– किसी एक पर तो टिको। आखिर आप 'राम' को मानते है या 'रहीम' को ?

प्रेमचंद– मेरे लिए तो राम, रहीम, बुद्ध, ईसा सभी श्रद्धा के पात्र हैं। मैं तो इन सब को महापुरुष मानता हूँ।

शिवरानी – ये सिर्फ महापुरुष ही हैं तो आप स्वयं को क्या मानते हैं, फिर आपकी क्या पहचान है ?

प्रेमचंद – मैं एक इंसान हूँ । जब भी लोग स्वयं को धर्म से जोड़ देते हैं तो मानव–धर्म को तो भूल ही जाते हैं। ऐसे में यदि कोई धर्म बदल दे तो लोग मरने–मारने पर उतारू हो जाते हैं। यही लोग जब औरत को घर से बाहर कर देते हैं तब यह नहीं सोचते कि आखिरकार वह जाएगी कहाँ? पुरूषों ने मनमाफिक कायदे–कानून बना रखे हैं। बहुविवाह हो या वृद्ध–विवाह पुरुष ही तो करते हैं।
(तभी दरवाजे पर दस्तक होती है। शिवरानीदरवाजा खोलती है तो बाहर से कोई चिठ्ठी दे कर चला जाता है। प्रेमचंद चिठ्ठी हाथ में लेकर खोलते हैं।)
'हेली साहब' की चिठ्ठी है। आजकल वे गवर्नर हो गए हैं। देखें क्या लिखते हैं – प्रेमचंद जी, आप भारत के सबसे बड़े लेखक हैं। हम आपको रायसाहब के खिताब से सम्मानित करना चाहते हैं। आइए।'

शिवरानी – अरे वाह।

प्रेमचंद – अरे वाह। (उसी अंदाज में) रानी तुम भी चाहती हो कि मैं जनता का आदमी नहीं रहूँ और बस एक पिठ्ठु हो जाऊँ? फिर गवर्नमेण्ट जो और जैसा चाहेगी वैसा लिखवाएगी। (कराहट के

साथ) तुम बोलो रायबहादुरी ले लूँ ?

शिवरानी – आप एकदम सही हो। अचानक क्या हुआ ?
प्रेमचंद – (कराहते हुए) फिर से पेट में दर्द। रात को बहुत ज्यादा खून की कै हो गई थी। लगता है –– (पेट पकड़ कर मंच से चले जाते हैं। शिवरानी चिंतित मुद्रा में कपड़ा उठाकर पीछे– पीछे चली जाती है।)

चतुर्दश

(पर्दे के पीछे से शिवरानी की आवाज आती है।)

आवाज – बुन्नू देखना दरवाजे पर कौन हैं ?
(अमृत दरवाजा खोलने मंच पर आता है। बहुत कमजोर और बीमार प्रेमचंद बाहर से आकर बिछी हुई चटाई पर ही बहुत मुश्किल से बैठ पाते हैं। शिवरानी को आवाज लगाते हैं। बुजुर्ग और कमजोर शिवरानी मंच पर आती है।)

प्रेमचंद – (बेहद दुर्बल आवाज में) रानी, एक गिलास पानी।

शिवरानी – कहाँ से आ रहे हो ? अपने हाल पर तो तरस खाओ।

प्रेमचंद – अरे वो बम्बई से फिल्म का कोई डायरेक्टर आया था। सो मिल के आया हूँ।

शिवरानी – हम बंबई से तो पिण्ड ही छुड़ा कर आ गए थे ना, अब वहाँ के लोगों से बात करने की क्या जरूरत आ गई ?

प्रेमचंद– हाँ रानी, यह बात तो सही कही है तुमने, पर वो मिलने के लिए आया था तो ऐसे ही, बिना मिले ही जाने देता ?
बोलो। (कराहते हैं) बम्बई शहर तो रास ही नहीं आया। सोचा था, नया काम है, शांति देगा लेकिन फिल्मी दुनिया में लोग कितने अवसाद में रहते हैं। यह तो वहीं जाकर पता चला। मेरी कहानी पर मोहन भवनानी के निर्देशन में बनी 'मजदूर' फिल्म याद है ? लेखक के तौर पर मुझे लगता है कि वे लोग मेरी कहानी के साथ न्याय नहीं कर पाए। कहानी की हत्या ही कर दी। (दर्द से फिर चेहरा सिमट जाता है) वहाँ 'अजंता सिनेटोन' के लिए पटकथा लिखना इसलिए स्वीकारा था क्योंकि 'हंस'

और 'जागरण' घाटे में जा रहे थे। मेरे बंबई से वापिस लौटकर आने को लोग लाख पलायन कहें लेकिन मैं ऐसा नहीं मानता हूँ। मैं वहाँ की घोर व्यावसायिकता से आहत हुआ था।

शिवरानी – लेकिन उस फिल्म से मजदूरों पर जो असर पड़ा था उससे सेंसर तो घबरा ही गया था। देश में अनेक जगह कारखाने बंद करके मजदूर बाहर आने लग गए थे। हैं ना ?

प्रेमचंद– हाँ यह बात तो माननी पड़ेगी। यही हुआ था।

शिवरानी – होगा क्यों नहीं ? सिनेमा, साहित्य से भले ही अपना दायरा तनिक अधिक रखता हो किंतु साहित्य से कभी भी अछूता नहीं रह सकता। एक अच्छे सिनेमा के लिए उत्कृष्ट कोटि का साहित्य प्राणवायु से कम नहीं होता है। वो 'हंस' का.....

प्रेमचंद – (बड़े गौर से शिवरानी का चेहरा देखते हैं और संवाद के बीच में ही शिवरानी के बुजुर्ग–गालों को अंगुली और अंगूठे की मदद से हल्के से खींच लेते हैं।) अले वाह।

शिवरानी– अरे अरे..... पगलाई गए हो का ? चुहलबाजी क्यों करते हो ? बच्चे देखेंगे तो क्या सोचेंगे कि बंबई के फिल्मी हीरो–हीरोइन चुहलबाजी कर रहें हैं? छोड़ो। मैं कह रही थी कि 'हंस' को महात्मा गाँधी के बाद 'हिंदी–परिषद' भी नहीं सम्भाल पाया। सुना है बंद होने के कगार पर है।

प्रेमचंद – सुनो रानी (हाँफना और हँसना दोनों साथ–साथ करते हैं।) अपना 'हंस' फिर से मोती चुग सकता है।

शिवरानी – कौन सम्भालेगा ?

प्रेमचंद – मेरी आनंदी लाल से बात हो गई। वो तैयार है। (सांसे ऊपर नीचे होने लगती है।)

शिवरानी – कौन आनंदी लाल ?

प्रेमचंद– अरे अपना जैनेंद्र, 'परख' उपन्यास पढ़ना उसका, मनोवैज्ञानिक तरीके से लिखा शानदार उपन्यास है। (सांसे फूलने लगती है)

शिवरानी – तुम्हें मेरी कसम है। रात को पाखाने से कितना खून था, याद है ? बच्चों की शादियाँ

करने के बाद क्या इंसान पूरा ही खर्च हो जाता है? क्या बाकी जीवन मेरे लिए नहीं जीना चाहते ? (इशारे से नीचे बिठाकर गाल पर प्रेम से चपत लगाते हैं।)

प्रेमचंद– अरे पागलराम, कैसी बाते करती हो ? मैं गोर्की की मौत की खबर सुनकर ––(चुप हो जाते है) उसके जैसा लेखक कभी नहीं आएगा। (आँखें मूँदने लगती है) अब इस शरीर का क्या करें ?

शिवरानी – आप आराम कीजिए। (लिटा देती है)

प्रेमचंदः नहीं। मैं आराम नहीं करूँगा।

शिवरानीः तो ?

प्रेमचंदः गोर्की की मृत्यु के संबंध में 'आज' के ऑफिस में...
– तुम्हें ––पता है रानी,'गोदान' ने तहलका ही मचा दिया। 'प्रगतिशील लेखक संघ' की बैठक में अध्यक्षता कर रहा था तो भी –– लोगों ने 'गोदान' ––के ही बारे में चर्चा करना चाहा।

शिवरानी– अब चुप होकर सो भी जाओ।

प्रेमचंद– सुनो (खड़े होने की कोशिश करते हैं।) मैनें वहाँ कहा था––

शिवरानी– अरे भगवान के लिए चुप भी हो जाओ।

प्रेमचंद– चलो मैं चुप हो जाता हूँ लेकिन फिर बोलेगा कौन? सुनो रानी मैनें वहाँ कहा था कि (खड़े हो जाते हैं) –'प्रगतिशील लेखक संघ' यह नाम ही मेरे विचार से गलत है। साहित्यकार या कलाकार स्वभावतः प्रगतिशील होता है। अगर यह उसका स्वभाव नहीं होता तो शायद वह साहित्यकार नहीं होता। उसे अपने अंदर भी एक कमीं महसूस होती है और बाहर भी। इस कमीं को पूरा करने के लिए उसकी आत्मा बेचैन रहती है। इसलिए ––(साँसें घुटने लगती है) वर्तमान मानसिक और सामाजिक अवस्थाओं से (हाँफ बढ़ जाती है) उसका दिल कुढ़ता रहता है। वह इन अप्रिय अवस्थाओं का अंत कर देना चाहता है जिससे दुनिया जीने और मरने के लिए और अच्छा स्थान हो जाए। (साँसें फूल उठी)

शिवरानी – (हठपूर्वक नीचे बिठा लेती हैं) अरेऽऽ क्या कर रहे हो ? थोड़ी तो रहम करो। (प्रेमचंद

नीचे बैठकर अपनी साँसें नियंत्रित करते हैं। नियंत्रित होते ही पास रखी कलम उठा लेते हैं।) अब क्या ?

प्रेमचंद – नया ––– प्लाट आरम्भ किया है – उपन्यास का ––। (साँसे तेज)

शिवरानी – कौनसा प्लाट ?

प्रेमचंद – (शिवरानी के गले में लटके मंगलसूत्र को हाथ में लेकर) इस पर। मंगलसूत्र। (सांसे उखड़ने लग गई)
सुनो ––अमृत को बुला लो। (शिवरानी अमृत को पुकारती है।) सु–नो बेटा। मेरे पास राजा–महाराजा की दौलत नहीं थी जो तुम्हें सौंप कर जाता। जो कुछ भी है यही है, इसे सम्भालना––मुझे पता है तुम भी कहानियाँ लिख रहे हो इन दिनों। इसी नाते कह रहा हूँ (तेज चलती साँसों को रोककर) मेरा––'मंगलसूत्र' पूरा करोगे ? करोगे ना––

अमृत – पिताजी आप कैसी बातें कर रहे है ?

प्रेमचंद– बोलो, बोलो बेटा।

अमृत– हाँ पर देखना आप खुद ही –––पिताजी –––पिता––जी––
(लुढ़कते प्रेमचंद को अमृतराय द्वारा सम्भाल लिया जाता है। अमृत की गोद में प्रेमचंद अपनी साँसें छोड़ देते हैं। शिवरानी का क्रंदन उभरता है। अमृत स्तब्ध बैठा रह जाता है। पीछे से पंक्तियाँ उभरती हैं।)

थामें कलम को वो चला।
माँ शारदा का लाडला।
'गोदान' जिसने था लिखा।
बस आदमी उसको दिखा।

धनपत कथा सम्राट था।
पीड़ा बहे वह घाट था।
तेरी जरूरत है सदा।
हर पल यहाँ आपदा।

सब ओर कितनी है व्यथा।

आ कर जरा लिख दे कथा।
हर युग तुम्हारी स्तुति करे।
हम बिन तुम्हारे क्या करें ?

(तभी दो व्यक्तियों का प्रवेश होता है। कानाफूसी करते हैं।)

पहलाः कौन मरा ?

दूसराः कोई मास्टर बताया।

पहलाः मास्टर ? कैसे पता ? नाम क्या है?

दूसराः नाऽम, कोई प्रेमचंद नाम का बताया।

पहलाः क्या? प्रेमचंद! वो 'गोदान' वाला ? नहीं। यह कोई मास्टर ही होगा। वो प्रेमचंद तो, इतनी जल्दी कैसे मर सकता है ? यह कोई और ही मरा होगा। प्रेमचंद क्यों मरेगा? नहीं मर सकता 'प्रेमचंद'। कभी नहीं। कभी भी नहीं।

(प्रकाश मद्धिम होकर बंद हो जाता है। यवनिका पतन।)

——ःसमाप्तम्ः—

जलन से जलतरंग

प्रथम दृश्य

(पर्दा उठते ही प्रकाश फैलता है। एक कमरा दिखता है। मंच के बीच में टेबल और दो कुर्सियाँ रखी दिखाई देती हैं। पर्दे के पीछे से निमिषा के पापा आते हैं।)

पापा– निम्मो की मम्मी, सुनो अरे सुनो, टिफिन तैयार है क्या ? मान लो आज तो लेट हो ही गया। (हाथ में टिफिन लिए बड़बड़ाती हुई निमिषा की मम्मी का प्रवेश होता है।)

मम्मी– हाँ..हाँ आ गई, आपके तो ये रोज के ही रायते हैं, रोज सुबह फैलाने की आदत हो गई है आपकी।

पापा– (टिफिन लेते हुए) सुनो, आज भी आते हुए लेट हो जाऊँगा, कुछ सामान–वमान लाना हो तो लिस्ट व्हाट्सएप्प कर देना और सुनो निम्मो से कहना कि....

मम्मी– (बीच मे ही रोकती हुई) वही तो, उसी के बारे में बात करनी थी आपसे। सुनो जी वो..... सिंगिंग सीखना चाहती है । आप से बात करने से डर रही थी ।

पापा– क्या ? पन्द्रह वर्ष की अवस्था में सिर्फ और सिर्फ पढाई होना चाहिए। संधिकाल है यह।

इसमें वे तरीके नहीं सीखने चाहिए जिनसे पढ़ाई खराब हो। उससे कहो ये फालतू के नखरे करने की जरूरत नहीं है।

मम्मी– नखरे ? चलो नखरे ही सही लेकिन हम उसके नखरे नहीं उठाएंगे तो कौन उठाएगा ? सुनो दुनिया तो आजकल बढ़ती बच्चियों पर केवल उंगलियाँ उठाती है जी। बोलो ना।

पापा– अरे शहर में हुई कल की घटना भूल गई क्या ? बस वाली ? दो भेड़ियों ने कैसे अकेली लड़की को रौंद डाला था। उसके साथ जो कथित बॉयफ्रेंड था उसे बचाने की सोचने के बजाए वो मौका–ए–वारदात से भाग छूटा। फिर लड़की के साथ जो हुआ उसे सुनकर मुर्दा भी दोबारा मर जाए। क्या–क्या नहीं हो रहा है समाज में, बोलो। ऐसी समस्याओं को तो महज द टिप ऑफ आइसबर्ग मान लो। समस्या इससे भी बहुत आगे की और गहरी है।

मम्मी– आप ऐसा क्यों सोचते हो जी ? हमारी बच्ची अच्छा गाती है, कर लेने दीजिए ना उसे अपना शौक पूरा।

पापा– बस कीजिए। माँ हैं आप। आप ही उलजुलूल हरकतों को बढ़ावा देंगी, फिर तो भला हो गया उसका। सुना नहीं आपने नो मतलब एन ओ, आप समझ लिजिए और उसे भी समझा देना।
(बोलते हुए पापा मंच के दायी तरफ से बाहर चले जाते है। बायीं तरफ से निमिषा, का प्रवेश होता है। चुलबुली, चंचल तितली जैसी प्यारी सी किशोरी निमिषा मम्मी को जो ख्यालों में डूबी हुई थी पीछे से आकर डरा देती है। मम्मी चौंक जाती है।)

निमिषा– गुमशुदा कोई हुआ–(गुनगुनाती हुई मम्मी की तरफ आंखें उछालती है) खोया–खोया चांद खुला आसमां–(हंसती है।) हेलो माई डियर मॉम..... क्या हुआ ? तो प्रेसिडेंट साहब ने मेरा सिंगिंग सीखने वाला बिल पारित कर दिया। है ना–बोलो ना मॉम। मॉम नहीं होम मिनिस्टर साहिबा, बोलो न प्लीज।

मम्मी– (लम्बी सांस लेते है) मेरी प्यारी परी, बात यह है कि आजकल शहर में जिस तरह के हालात हो गए हैं, उससे पापा भयभीत हो चुके हैं । लड़कियों का बाहर निकलना तलवार पर चलने से कतई कम नहीं है । आजकल बाहर की दुनिया में बेटी का जाना मतलब गन्ने की मशीन में जाना सा हो गया है
(अचानक भाव बदलकर खुश हो जाती है। पास में जाकर कंधे पर हाथ रखती हैं।)
लेकिन देखना, मैं अपनी प्यारी, न्यारी, राजदुलारी जग से भी सुंदरतम लाडो को धूप का एक कतरा

भी छूने नहीं दूंगी।

निमिषा– प्लीज मॉम, स्टॉप दिस बटरिंग। मुझे एक बात बताओ मशालें हवाओं के कॉन्टेक्ट में आने से कभी डरी हैं क्या, वो तो जलती हैं, है ना ? गिरने का भय कितना बौना हो जाता है जब बालक लड़खड़ाना सीखता है ? बोलो न मॉम ! इन भेड़ियों के डर से हमारे पैरों में बेड़ियां क्यों डालते हो ?

मम्मी– अरे वाह री, जन्म देने वाली को समझा रही है ?

निमिषा– मुझे गाना सीखना है मतलब सीखना है। मुझे भीड़ के साथ नहीं चलना, कतई नहीं। भीड़ चाहे हिम्मत देती हो लेकिन खुद की पहचान छीन लेती है। सुन लो ध्यान से तीन महीने हैं कम्पीटिशन में। मैं सिंगिंग तो सीखूँगी ही।

मम्मी– तू स्कूल से सीधा घर आएगी। मेरी सौगंध है तुझे। पापा का गुस्सा पता है ना ?

निमिषा– हाँ हाँ सब पता है मुझे। (पर्दे के पीछे जाती हुई गुनगुनाती है।) हर फिक्र को धुएं में उड़ाती चली गई–

द्वितीय दृश्य

(मंच के पीछे से ही आवाज आना प्रारभ हो जाती है। आवाज फातिमा की है। फातिमा विद्यालय की गणवेश पहने पर्दे से बाहर आती है।)

फातिमा– अम्मीजान ओ अम्मीजान, सुना क्या अम्मीजान ? हम स्कूल जा रहे हैं और सुनों भाईजान से कह देना कि फातिमा ने उसके वॉलेट से कुछ रुपये निकाले हैं। अच्छा खुदा हाफ़िज़।
(चलती हुई फातिमा मंच के अगले हिस्से में आती है। तभी पर्दे के पीछे से उसी विद्यालय. गणवेश में निमिषा तेजी से प्रवेश करती है।)

फातिमा– अरे ! निम्मो। कहाँ गुल थी इतने दिनों से मेरे ईद के चाँद ?

निमिषा– (झिझकते हुए) अरे! फत्तू कैसी है री तू ?

फातिमा– बेडा गर्क होने दे फत्तू का तो, तू बता किस जहान में है ? कितने दिनों से तो स्कूल नहीं

आ रही है और फोन भी नहीं उठाती है। कहाँ पाई जा रही हो मोहतरमा आजकल ? दो महीने हो गए स्कूल की यूनिफॉर्म में हो, स्कूल में दीदार ही नहीं ? लोचा क्या है भिडू ?

निमिषा– सॉरी यार फोन नहीं उठा पाई थी। अभी चलती हूँ। फिर मिलते हैं।

फातिमा– अभी रुक तो । कहीं की पी. एम. लग गई क्या ? इतना बिजीपन, ओ हो। सीरियसली बता ना, यूनिफॉर्म में हो और स्कूल नहीं आ रही हो? मसला क्या है? बोलो। आज ना छोड़ेंगे तूझे– दम दमा दम...

निमिषा– (इधर उधर देख के निश्चिंत होकर) सुन किसी को मत बोलना। एक महीने बाद 'सिंगिंग–आइड़ल' का ऑडिशन है। वोकल गाना सीखने के लिए स्कूल से गोता मारना पड़ रहा है।

फातिमा– लेकिन स्कूल से बंक मारने की वजह क्या है ?

निमिषा– चुड़ैल पीछे पड़ गई। वजह हैं पापा। स्कूल के बाद जरा भी बाहर निकलने की इजाज़त नहीं देते हैं। इसलिए स्कूल के लिए बता कर आती हूँ और सिंगिंग क्लास निकल जाती हूँ।

फातिमा– ओह मामला पर्दे के पीछे चल रहा है। चल कोई ना। मस्त रह। तू पहुंच जा तेरी मंजिल और में निकलती हूं अपनी। खुदा हाफ़िज।

निमिषा– मेरा मोबाइल कहाँ है यार, ये रहा, अरे लेट हो गई। चल ठीक है मिलते हैं।

(मोबाइल को बैग में रख कर फातिमा की विपरीत दिशा में निकल जाती हैं।)

तीसरा दृश्य

(खुशी के भावों के साथ उछलती हुई निमिषा का प्रवेश होता है। क्लास में सिखाया दोहा गाती हुई आती हैं।)

मान चेहरे को सदा भावों का अखबार।
आईना जब टूटता बने बिंब लाचार।
(तभी निमिषा का मोबाइल बजता है)

निमिषा– अरे फातिमा का फोन! इस वक्त! देखती हूँ। हेलो हेलो– अरे फत्त–हेलो–आवाज नहीं आ रही–हेलो––
(नेपथ्य से पुरुष की आवाज उभरती हैं।)

आवाज– फातिमा नहीं हम बोल रहें हैं, फातिमा के भाईजान, अफजल। कैसी हैं जी आप ?

निमिषा– जी बोलिए, फातिमा नहीं हैं वहाँ ?

आवाज– हम हैं ना। हमारा मतलब है हमें आपको कुछ बताना है।

निमिषा– कुछ क्या ?

आवाज– यही कि आप थोड़ी देर पहले आपके पड़ोस वाले लडके से बात कर रही थी। हमें आपका यह रवैया तनिक भी अच्छा नहीं लगा जी।

निमिषा– मतलब आप मेरा पीछा कर रहे हैं? आपको क्या मतलब ? मैं फोन रख रही हूँ।
(वह फोन काट देती है। मंच पर वह थोड़ी सी आगे चलती है कि फिर घंटी बज जाती है। वह इस बार फोन नहीं उठाती। वह थोड़ा और आगे बढ़ती है। फिर घंटी गूंजती है। इस बार वह गुस्से में फोन उठा लेती है।)

निमिषा– समझ में नहीं आ रहा क्या ? मुझे आपसे बात करनी ही नहीं है।

आवाज– अगर फोन काटा तो अंजाम बुरा होगा। अभी सामने आकर वहीं... । खुदा की कसम मदहोश करती है आपकी आवाज। फातिमा के साथ आपको एक ही दफा देखा था, तब से अल्लाह कसम इश्क हो गया आपसे। हम आपसे निकाह करेंगे।

निमिषा– स्टॉप दिस रिडिकुलस ऑब्सिनिटी। आप तीस बत्तीस साल के हैं और मैं आपकी बहन की उम्र की हूँ, शेम ऑन यू।

आवाज– फोन काटने की जल्दबाजी करेंगी तो पछतायेंगी। निम्मो जी सुनिए जी–आप जल्द ही हमसफर बनेंगी हमारी। बस इतनी सी तवक्को है आपसे। आपको इसे पूरा करना होगा। नहीं तो......

निमिषा– (चीखती है) नहीं तो– हाँ बोलो...नही तो क्या ?

आवाज– नहीं तो (नीचता की हँसी) आपके वालिद से मिल लेंगे और उनको बता देंगे कि....

निमिषा– (भयभीत स्वर) क......क क्या बतायेंगे आप ?

आवाज– आपकी सिंगिंग क्लास और आपका ख्वाब। अब आपकी हर मंजिल हमसे ही तो आकर जुडेंगी। देख लिजिए अब गेंद आपके पाले में आ गई है। अगर आप ना कर देती है तो... हमें मजबूरन आपके घर आना पड़ेगा।

निमिषा– नीच, कमीने, कुत्ते फोन काट दिया।
(सन्न हाल में नीचे बैठ जाती है। फोन को नीचे रखकर स्वयं बड़बड़ाने लग जाती है।)

फातिमा ने उसके भाई को बता दिया –नहीं फातिमा ऐसा तो नहीं कर सकती–शायद –गलती से मुँह से निकल गया हो लेकिन वो तो ब्लेकमेल कर रहा है। नजर रख रहा है मुझ पर। हे ईश्वर! अब क्या करूं ? पापा से कह देती हूँ लेकिन–वो तो वैसे ही अब तो फातिमा – से भी बात करने से क्या फायदा होगा? मुझे सावधान रहना होगा, हाँ। अभी घर से तो निकलना बंद ही कर देती हूँ। बिल्कुल। हाँ। यही सही होगा।
(मोबाइल उठाकर इधर–उधर नजर डालती हुई तेज कदमों से पर्दे के पीछे चली जाती है। मंच पर प्रकाश मंद हो जाता है।)

चतुर्थ दृश्य

(प्रकाश फैलता है तो निमिषा की माँ बैठी–बैठी थाली में दाल बीनती हुई दिखाई देती है। निमिषा के पापा का प्रवेश होता है।)

पापा– आजकल कई दिनों से देख रहा हूं कि निम्मो अपने कमरे में से बाहर नहीं निकलती है क्यों ?

मम्मी– हाँ मैंने भी पूछा था उससे, मुझे तो टाल गई।

पापा– मैं सुबह से शाम तक भागता रहता हूँ। आप यहीं रहती हैं, तरीके से पूछा क्यों नहीं उससे ? बस दिन भर दाल ही बीनती रहेंगी क्या ?।

मम्मी– (भन्नाकर थाली एक तरफ रखकर खड़ी हो जाती है) सिर्फ अकेली मेरी ही तो औलाद है वो, है ना ? बोलिए। आपकी भी कुछ जिम्मेदारी बनती है कि नहीं।

पापा– अरे! आपकी तो आदत ही खराब है। उल्टा जाना तो जैसे हॉबी है।

मम्मी– हाँ मैं तो पैदा ही उल्टी हुई थी, बोलिए, सीधे तो आप और आपके परिवार के लोग ही है। (मुँह फुलाकर दूसरी तरफ घूम जाती है।)

पापा– अच्छा ठीक है। छोटे बाप का हूँ और आप...। इधर तो घूमिए। जवान हो रही बेटी की माँ है लेकिन आदतें अभी भी...

मम्मी– अभी भी क्या बोलो, बच्ची हूँ, नादान हूँ ? यही ना ?

पापा– अरे देवीजी, महारानी जी, बस सुनिए। आप इजाजत दें तो हम हमारे मसले बाद में सुलझा लें। आओ पहले निम्मो से बात कर लेते हैं। अरे सुनिए तो। अच्छा सॉरी। आ जाओ उससे कमरे में चलकर ही बात करते हैं। अरे आइए ना।

मम्मी– हाँ, चलिए आती हूँ।

पांचवा दृश्य

(मंच के बीचों–बीच कुर्सी पर निमिषा बैठी है। किताब हाथ में लिए खोई–खोई आंखों से छत को निहार रही है। सिर को कुर्सी के पीछे हिस्से से टिकाकर निराशाजनक ख्यालों में डूबी सी लग रही है। पर्दे के पीछे से पहले पापा का और फिर माँ का प्रवेश होता है। पापा पीछे खड़े होकर निम्मो को निहारने लग गए।)

मम्मी– (निमिषा के सिर पर हाथ फेरकर) निम्मो, बेटा क्या बात हुई, ऐसे कैसे बैठी है बेटा ?

निमिषा– (तंद्रा धीरे से टूटती है लेकिन फिर अचानक झटके से खड़ी हो जाती है। मम्मी और पापा को ऐसे देखती है जैसे वे अनजबी हो।) अं–आं–क–का–कौ–अ–न।

पापा– (पास में जाकर जोर से डाँटते है) निम्मो क्या हो रहा है, बोलो, बोलो बेटी।

निम्मो– न–नहीं–कक्–कुछ भी तो नहीं–पापा... आप ? कब आए? मम्मी आप–मतलब दोनों–क्या हुआ ?

मम्मी– इतनी बौखलाई हुई क्यों है बेटा? इस सप्ताह में स्कूल एक बार भी नहीं गई। तेज बुखार में भी कमरे में कैद नहीं होती मेरी चिड़कली लेकिन सात दिन से कमरे से बाहर नहीं आ रही है। क्यों क्या हुआ ?

निमिषा– नहीं।

पापा– बोलो ना बेटी पढ़ाई की टेंशन है या स्कूल में कुछ ऐसा हुआ जिससे तुम दुःखी हो ?

निम्मो– (कुछ कहने के लिए मुँह खोला लेकिन अचानक कुछ सोचकर चुप हो गई) नहीं पापा कुछ भी तो नहीं। वो तो मैं। कुछ थ्योरम कर रही थी। कॉपी भर गई थी। बॉय गॉड। आप दोनों मुझे ऐसे क्यों देख रहे हैं ? बिलिव मी नथिंग। अच्छा पापा मैं कॉपी ले आती हूँ मेथ्स की। पास वाले मार्केट से।

मम्मी– तुम दांतों से ये नाखून क्यों काट रही हो बेटा ?

निमिषा– अरे नहीं–वो तो–चलो आती हूँ मैं।

मम्मी– चल इस बहाने थोड़ा बाहर तो निकलेगी। सुन तो, मैं तेरी फेवरिट सब्जी बना रही हूँ चिली–पनीर, जल्दी आना साथ खाना खायेंगे।

निमिषा– (हाथ की किताब को कुर्सी पर रखकर जाते हुए) ठीक है, खाना लगाइए मैं आती हूँ।

(मम्मी पापा दोनों एक–दूसरे को देखकर एक साथ मंच से बाहर चले जाते हैं।)

छठा दृश्य

(पर्दे के पीछे से बाजार का शोर सुनाई देता है। प्रकाश फैलता है। पर्दे के पीछे से कदमों की आहटें पास आती है। निमिषा की आवाज उभरती है।)

निमिषा– भैया कॉपी के पैसे रखकर जा रही हूँ।

(पर्दे के पीछे से अपने हाथ में कॉपी लिए मंच पर प्रवेश करती है। भयभीत मनोदशा से इधर–उधर निहारती है।)

आज बाजार में ज्यादा शोरगुल क्यों लग रहा है ? (घबराकर रुक जाती है।)

अचानक ऐसा क्यों लगा कि कोई मेरा पीछा कर रहा है ? (कदम बढ़ा देती है। कुछ कदम बढ़ाने के बाद फिर रुकती है। आगे पीछे देखती है। सांसे ऊपर नीचे होती है।)

मुझे इतना डर क्यों लग रहा है ? (फिर घबराती है)

यह किसकी आवाज.......................?

(अचानक एक आवाज उभरती है)

आवाज– आपसे नहीं कहा था क्या मैंने ? शरीक–ए–हायत तो मेरी ही बनेंगी मगर आप तो गजब ही कर गई। मिलना तो दूर फोन उठाना ही बंद कर दिया। कितने सारे कॉल थे मेरे, अनदेखे ही कर दिए। फोन उठाने का तकल्लुफ क्यों नहीं किया ? कितने अधीर थे हम यह आपने क्यों नहीं समझा? सुबह से लेकर शाम तक आपके घर के कितने चक्कर काटे हमने, अंदाजा है आपको ? कहाँ जाती जा रही हैं आप ? रुकिए, रुकिए ।

निमिषा– कौन है वहाँ ? अरे ये कौन निकला नकाब वाला ? उसके हाथ में क्या था... वो बोतल जैसा..... क्या कोई शराबी है ? अरे ये वहाँ छिपा है। तू कौन है ब्लडी रास्कल... हिम्मत है तो बाहर आ। (पर्दे के पास जाती है।)

आवाज– इस चेहरे पर इतना गुरूर! हमें मना करती है, हमें! तुम हमारी नहीं होना चाहती। है ना? हमारी नहीं होगी तो किसी और की कैसे हो पाओगी ? हमारे लायक नहीं तो किसी के भी लायक नहीं छोड़ेंगे । देखते हैं आज के बाद कैसे जिएंगी अपनी ज़िंदगी ? ना तुम्हें मरने दूंगा ना ही जीने। (पर्दे के पीछे से बोतल से एक तरल की धार आती है। छपाक की आवज के साथ धार निमिषा के चेहरे पर गिर जाती है।)

निमिषा– (एक लम्बी चीख के साथ तड़पती हुई नीचे गिर जाती है।) पापा मम्मीइइ... मेरा चेहरा... अरे मेरा हाथ... हे प्रभु... मैं जल रही हूँ... बचाओ... अरे मुझे जला दिया रे...बचाओ ...बचाओ। (निमिषा बेहोश हो जाती है। मंच के पीछे से कुछ अन्य आवाजें आना प्रारम्भ होती है।)

पहली आवाज– अरे! अरे! लड़की पर अटैक हो गया। बेहोश हो गई।

दूसरी आवाज– इधर भागा है, इस गली में लम्बा सा था... चेहरे पर नकाब था।

तीसरी आवाज– अरे देखो इसके चेहरे से धुआं निकल रहा है।

चौथी आवाज– धुआँ क्या खाल लटक गई इसकी तो, मांस दिख गया।
(तभी एक ऑटो की आवाज आती है।)

ऑटो चालक– या अल्लाह, अरे आओ खड़े क्यो हो भाई लोगों, मेरे ऑटो में लिटाओ, हॉस्पिटल ले चलते हैं। सभी हाथ लगाओ।

पांचवीं आवाज– अरे देखो इसके टच होते ही मेरी शर्ट जल गई।

ऑटो चालक– तो सोचो यह खुद किस भट्टी में जल रही होगी भाई। चलो इसको पास के हॉस्पिटल में ले चलते हैं।

(ऑटो की आवाज दूर होती जाती है। मंच पर प्रकाश मंद होकर बंद हो जाता है।)

सातवाँ दृश्य

(मंच पर प्रकाश फैलता है। बीच में कुर्सी रखी है। महिला डॉक्टर का प्रवेश होता है। हाथों से ग्लव्ज उतार कर निराशा के भाव लिए कुर्सी पर बैठ जाती है।)

डॉक्टर– (स्वयं से) ओह गॉड। उफ्फ। मैंने मेरी ज़िंदगी में ऐसा केस नहीं देखा। लोग जुनून में किस स्तर तक गिर जाते हैं।

(निमिषा के माता पिता का प्रवेश होता है।)

पापा— डॉक्टर साहब... डॉक्टर साहब... (रुदन) कैसी है मेरी बेटी ?

डॉक्टर— आप निमिषा के माता–पिता है ? बैठिए प्लीज।

(निमिषा की मम्मी को रोने से चुप करवाती है।) देखिए, आपकी बेटी के साथ कितना बुरा हो गया है इसका अंदाजा भी लगाना अभी तो नामुमकिन है। अभी थोडा सा होश आया है लेकिन दर्द और जलन की इंतहा है। लेकिन.....

मम्मी— लेकिन क्या बोलिए ना... डॉक्टर साहब।

डॉक्टर— मेरी भी लगभग इतनी अवस्था की बेटी है। आपकी हालत को मैं भली प्रकार समझ सकती हूँ। हम हारेंगे नहीं। डॉक्टर के नाते मैं आपको बता रही हूँ कि हम सभी को मन में कठोरता और एक सकारात्मक सोच रखनी होगी।

माँ— क्या मतलब ?

डॉक्टर— निमिषा के साथ जो दुर्घटना हुई है उसे विट्रिओलेज या विट्रिओल–अटैक कहते है। आम भाषा में एसिड–अटैक कहते है। एक सिरफिरे ने निमिषा पर नाईन्टी फाईव परसेण्ट कन्सेट्रेट सल्फ्यूरिक एसिड का सोल्यूशन फेंका है। फेंकने के बाद यह आधे शरीर पर फैल गया है। इस कोरोसिव–सब्सटेंस ने चेहरा तो पूरी तरह से जला दिया है। अदर पार्ट ऑफ द बॉडी भी कुछ हद तक डेमेज हुए हैं।

पापा— हे भगवान निम्मो..... (चीखने के साथ रुदन)

डॉक्टर— ऐसे नहीं। इस जंग से जीतने का धैर्य ही अंतिम हथियार है। आप पर जो बीत रही है मैं समझ रही हूँ लेकिन उस पर क्या बीत रही है आप अंदाजा भी नहीं लगा सकते। उसकी चिंता है तो आँसू पोंछने होंगे, हमेशा के लिए।
देखिए बॉडी जितनी प्रतिशत इन्वॉल्वड है उससे यही लगता है कि तीन चार महीने भर्ती रहना होगा। लगभग तीस से चालीस ग्राफ्टिंग्स करनी होगी। लगभग तीस से चालीस सर्जरीज तो मान के चलिए। पैसे और पेशेंस दोनों समान रुप से चाहिए। हम सभी के लिए परीक्षा की घड़ी है।

आइए प्रार्थना और प्रयास कम्बाइनली करते हैं। (पापा के कंधे पर हाथ रख कर बाहर चली जाती

है। दोनों अपने–अपने आँसू पोंछते हैं।)

मम्मी– आइए जी, निम्मो से मिलते हैं। अरे आइए, चलिए ना। अभी डॉक्टर ने क्या कहा भूल गए, हम्म..... आँसू नहीं आत्मबल। आ जाओ अब।

(नेपथ्य में आशा को जगाने वाला संगीत बजता है। पर्दा गिरता है।)

आठवां दृश्य

(पर्दे के पीछे से निमिषा की मम्मी का प्रवेश होता है। बेहद गंभीर मुद्रा में मंच पर आकर एक कोने में खड़े हो जाती है।)

मम्मी– (स्वयं से बात करना आरम्भ कर देती है।) साढ़े चार महीने में मेरा घर कितना कुछ बदल गया है। हे भगवान! मेरी बेटी ने इस बीच में क्या–क्या नहीं सहा। वो आज हॉस्पिटल से आ तो रही है लेकिन लोगों का सामना कैसे करेगी ? उसके साथ उसके दोस्त स्कूल में कैसा व्यवहार करेंगे ? अभी तो परीक्षा का एक और दौर बाकी है। तू ही जाने प्रभु।

(मोबाइल की घंटी बजती है। फोन उठाती है।)

हेलो, हाँ निम्मो के पापा, बोलिए, हाँ अकेली हूँ, क्या? सारे के सारे आईने तोड़ दूँ, हाँ हाँ। बिल्कुल। फेंक देती हूँ। आ जाओ, ले आओ मेरी बेटी को।
(आंसू पोंछ कर घर के सारे आइने तोड़ देती है। दरवाजे पर घंटी बजती है। पूजा की थाली हाथ में लेकर दरवाजे पर जाती है। दरवाजा खेालती है तो निमिषा का प्रवेश होता है। जली हुई एक आँख और काली प्लास्टिक चिपके हुए से चेहरे को देखकर मम्मी को गहरा धक्का लगता है। पापा निमिषा के पीछे से आते है। मम्मी सहज होने की कोशिश करती हुई तिलक लगाती है।)
पहले मेरी लाडो के गुडलक के लिए तिलक और रोली–अक्षत से स्वागत करती हूँ। बेटा अब आजा। अजी देखिए तो कैसी लग रही है मेरी बिटिया। वो क्या कहते हैं औसम, फेबुलस, स्टनिंग, मार्वलस ब्यूटीफुल।

(पापा और मम्मी दोनों मिलकर फीका अट्टहास करते हैं।) आजा देख तेरा कमरा कैसा सजाया है मैंने, आ बेटा।

निमिषा– पापा सुनिए, आई एम सॉरी। मैंने आपको 'सिंगिंग–क्लास' के बारे में नहीं बताया था। हमें अपनों से कभी कोई बात नहीं छिपानी चाहिए, मैं ऐनवक्त पर आपकी यही सीख भूल गई थी।

पापा– अरे मेरे बच्चे, बिलकुल सही कहा तुमने। अपने पर यकीन हमें सबसे ज्यादा होना चाहिए, खुद से भी ज्यादा। गलती सिर्फ तुम्हारी तरफ से ही नहीं हुई थी, मेरी भी थी। मुझे तुम्हारे लिए एक कम्फर्ट जोन बना कर रखना चाहिए था। ताकि तुम आसानी से अपनी बात कह सकती।

मम्मी– ठीक है गिले–शिकवे हो गए हो तो खाना खा लें । मम्मी–ब्रांड चिली–पनीर तैयार है।

निमिषा– अरे वाह। चलो। मम्मा क्या बात है नया मोबाइल? बडा चमक रहा है। देना तो मम्मा।

मम्मी– अरे मोबाइल नहीं, क्या कर रही है, हाथ से मत छीन, अरे अरे.. (निमिषा ने मोबाइल हाथ में लेकर देखा तो उसे अपना चेहरा दिख गया। चीख के साथ वह अपने हाथों से चेहरा ढँक कर नीचे बैठ जाती है।)

निमिषा– मम्मा–मेरा चेहरा...प्लास्टिक के जैसा... मैं कैसे जिऊँगी–उस जालिम ने क्या कर दिया पापा..... मैं यह नहीं हो सकती..... नहीं हो सकती। अच्छा..... घर के सारे आइने इसलिए हटा दिए ना और मोबाइल भी इसलिए नहीं दे रही थी आप ताकि मैं अपना चेहरा नहीं देख सकूं।
पापा कैसे जिऊँगी..... पड़ोसी, बाहर के लोग, मेरी स्कूल के फ्रेण्ड क्या कहेंगे? क्या गुनाह किया था मैंने ?

पापा– (रुंधे गले से) तुमने कोई गुनाह नहीं किया बेटा, कोई गुनाह नही। सुनो बेटी, उठो तुम्हें उठना है। तुम्हारे सारे सवाल का जवाब मैं देता हूँ। आईना सरासर झूठ दिखा रहा है। तुम्हारे मुखमंडल में इतनी रोशनी है जितनी सौरमंडल में नहीं है। सृष्टि का सर्वश्रेष्ठ तेज तुम्हारे आभामंडल में है। चल उठ, ये चेहरे के चंद स्कार्स तुम्हारे भाग्य के स्टार्स को जगमगाने से नहीं रोक सकते। आजा हम करते हैं सामना। तुझे चेहरा छिपाने की जरूरत है ही नहीं। चेहरा तो ताउम्र वो वहशी छिपाएगा जिसने घिनौना दुष्कृत्य किया। आ मेरे बच्चे एक नए आसमान की तलाश करते हैं।

(पापा के उठाने पर निमिषा खड़ी होती है।)

निमिषा–उस पापी का क्या हुआ ?

पापा– सिर्फ दस वर्ष की कैद। दस हजार का जुर्माना। अभी जेल में है बेटा।

मम्मी– अरे तुम दोनों का राम–भरत–मिलन पूरा हो गया हो तो यह दासी खाना लगा दे ? वहाँ बेचारा चिली–पनीर भूखा बैठा है।

(मम्मी की चेहरा बना कर बोलने वाली गतिविधि से दोनों के चेहरों पर पुलकित करने वाली मुस्कान आ जाती है। पर्दा गिरता है।)

नवाँ दृश्य

(मंच पर अमेरिका का झंडा लहरा रहा था। अमेरिका के राष्ट्रपति की पत्नी का प्रवेश होता है। तालियों की गड़गड़ाहट गूँजती है।)

राष्ट्रपति की पत्नी– आई एम फर्स्ट लेडी ऑव अमेरिका, टुडे फीलिंग ग्रेटफुल टु रिवार्डिंग 'दि मॉस्ट थ्रिलिंग ऑनर करेजियस अवॉर्ड ऑव अमेरिका'। प्लीज गिव अप्लॉज फॉर निमिषा, फ्रॉम दि इंडिया ।

(तालियों की गड़गड़ाहट और जोर से एवं लम्बी देर तक गूँजती है। मनमोहक मुस्कान के साथ निमिषा का प्रवेश होता है। माइक को हाथ में लेती है। वह सजी–धजी युवती चेहरे पर उन दागों के साथ भी सुंदर लग रही है।)

निमिषा– थैंक यू अमेरिका। दोस्तों, उस त्रासदी के बाद मेरा आठ साल का जीवन मान लीजिए हर एक श्वांस पर अंगारों पर सोना था । हर पल मुझे इस बात का अहसास करवाया जाता कि मैं एसिड–अटैक–सर्वायवर हूँ । पड़ोसियों ने और मिलने वालों ने तो दबी जुबान में मुझे चरित्रहीन तक कह दिया लेकिन मेरे पापा हमेशा मुझे याद दिलवाते थे कि बेटा तूने अटैक के दौरान जो शारीरिक जलन झेली और बाद में उससे भी ज्यादा समाज ने जो जलन तुझे दी उस जलन को तुझे एक जल–तरंग बन कर मिटाना होगा। आज भी समाज मैं कई लोगों के दिमागों में एसिड ठूँस–ठूँस के भरा है। श्रीकृष्ण ने कहा है–'उद्दरेदात्मनात्मनं नात्मानमवसादयेत। आत्मैव ह्यात्मनो बन्धुरात्मैव रिपुरात्मनः।'
अर्थात् आप ही अपना उद्धार कर सकते हो, अपने को घोर कष्ट नहीं देना, आप ही अपने मित्र हो और आप ही अपने शत्रु। अर्थात् स्वयं को सुधारना और बिगाड़ना स्वयं के हाथ है। मैंने चेहरे से कपड़ा हटा दिया। निकल पड़ी दुनिया में। वहाँ दुकानों पर एसिड ऐसे मिलता है जैसे मेकअप के सामान। मैंने सुप्रीम कोर्ट में पी. आई. एल. लगाई तब तो इसकी बिक्री पर थोड़ी रोक लगी। कई सारे एसिड–सर्वायवर्स को पुनर्वासित किया। आज मैं दिन–रात उन लोगों के लिए काम कर रही हूँ जिनकी ज़िंदगी एसिड ने गला दी। आज मैं आप सभी को आश्वस्त करती हूँ कि अंतिम श्वांस तक इन लोगों के लिए लड़ती रहूँगी। आप सभी से मेरी गुजारिश है कि लड़कों की सोच में नारी–जाति

के लिए सम्मानजनक स्थान बनाए। अंत में इन्हीं पंक्तियों के साथ अपनी बात को विराम देती हूँ–

लक्ष्य मेरा जो बना साधा वही स्वीकार है।
मंजिलों में कंकरी राहें मुझे स्वीकार है।
घोंसला जो हौंसले का डाल पर मैंने रखा
अब हवा कितनी चले संघर्ष तो स्वीकार है।